Caroline Glathe

Kommunikation von Nachhaltigkeit
in Fernsehen und Web 2.0

VS RESEARCH

Caroline Glathe

Kommunikation von Nachhaltigkeit in Fernsehen und Web 2.0

Mit einem Geleitwort von Prof. Dr. Claudia Fraas

VS RESEARCH

Bibliografische Information der Deutschen Nationalbibliothek
Die Deutsche Nationalbibliothek verzeichnet diese Publikation in der
Deutschen Nationalbibliografie; detaillierte bibliografische Daten sind im Internet über
<http://dnb.d-nb.de> abrufbar.

1. Auflage 2010

Alle Rechte vorbehalten
© VS Verlag für Sozialwissenschaften | Springer Fachmedien Wiesbaden GmbH 2010

Lektorat: Verena Metzger / Dr. Tatjana Rollnik-Manke

VS Verlag für Sozialwissenschaften ist eine Marke von Springer Fachmedien.
Springer Fachmedien ist Teil der Fachverlagsgruppe Springer Science+Business Media.
www.vs-verlag.de

Das Werk einschließlich aller seiner Teile ist urheberrechtlich geschützt. Jede Verwertung außerhalb der engen Grenzen des Urheberrechtsgesetzes ist ohne Zustimmung des Verlags unzulässig und strafbar. Das gilt insbesondere für Vervielfältigungen, Übersetzungen, Mikroverfilmungen und die Einspeicherung und Verarbeitung in elektronischen Systemen.

Die Wiedergabe von Gebrauchsnamen, Handelsnamen, Warenbezeichnungen usw. in diesem Werk berechtigt auch ohne besondere Kennzeichnung nicht zu der Annahme, dass solche Namen im Sinne der Warenzeichen- und Markenschutz-Gesetzgebung als frei zu betrachten wären und daher von jedermann benutzt werden dürften.

Umschlaggestaltung: KünkelLopka Medienentwicklung, Heidelberg
Gedruckt auf säurefreiem und chlorfrei gebleichtem Papier
Printed in Germany

ISBN 978-3-531-17603-1

Geleitwort

Das Thema Nachhaltigkeit betrifft eines der dringlichsten Probleme, die heute weltweit gelöst werden müssen, wenn wir unseren Nachkommen eine bewohnbare Welt hinterlassen wollen. Das Nachhaltigkeitskonzept integriert ökologische, ökonomische und soziale Aspekte in ihrer wechselseitigen Abhängigkeit und betrifft damit ein komplexes Beziehungsgefüge, das den achtsamen Umgang mit Umwelt und Ressourcen, den Schutz aller Lebewesen, soziale Gerechtigkeit sowie eine effiziente Wirtschaft einschließt. Wie dieses komplexe Thema in den Medien kommuniziert wird, hat entscheidenden Einfluss darauf, ob und auf welche Weise es die Menschen erreicht. Caroline Glathe wendet sich dieser Frage zu und greift damit einen hoch aktuellen und für die gegenwärtige gesellschaftliche Entwicklung überaus relevanten Problembereich auf. Gleichzeitig nimmt sie damit ein aktuelles Thema der Kommunikationswissenschaft in Angriff, denn sie untersucht die mediale Vermittlung von Nachhaltigkeit, indem sie die Verarbeitung des Nachhaltigkeitsleitbilds durch Sendeformate des Fernsehens einerseits und über vernetzte Internet-Kommunikation andererseits beschreibt und miteinander vergleicht. Im Zentrum steht die Frage nach den unterschiedlichen Kommunikationsstrategien in Fernsehen und Web 2.0 (speziell Weblogs), durch die Nachhaltigkeitsbewusstsein medial geweckt und gefördert werden soll.

Caroline Glathe konnte mit ihrer Studie Ergebnisse der Diffusionsforschung bestätigen, dass Zielgruppen über Massenmedien hinsichtlich der Informationsvermittlung zu innovativen Entwicklungen gut erreicht werden können und dass Massenmedien bestehende Einstellungen und Meinungen der Rezipienten eher verstärken. Hinsichtlich der Veränderung von Einstellungen und Verhalten kann interpersonale Anschlusskommunikation jedoch erfolgreicher sein als massenmediale Angebote.

Das bestätigen auch Befunde aus den 1990er Jahren zur Rolle sozialer Netzwerke für die Wichtung von Themen und die politische Meinungsbildung. Insofern greifen klassische Massenkommunikation und vernetzte Online-Kommunikation ineinander. Caroline Glathe kann mit ihren qualitativen Untersuchungen zeigen, dass TV-Sendungen und themenspezifische Weblogs hinsichtlich der Nachhaltigkeitskommunikation weniger in Konkurrenz zueinander stehen, sondern sich gegenseitig ergänzen. Weblogs schließen an massenmediale Diskurse an und bilden gleichsam einen Resonanzraum für Anschlusskommunikation, indem sie massenmedial auf der Agenda stehende Themen weiterverarbeiten und vertiefen. Damit bestätigt sich, dass „klassische" und Internet-Öffentlichkeit keine gegensätzlichen Pole, sondern – im Gegenteil – sich ergänzende Bereiche einer integrierten Öffentlichkeit sind, die sich gegenseitig beobachten, beeinflussen und ergänzen.

Die Studie von Caroline Glathe ist an der Professur Medienkommunikation der Technischen Universität Chemnitz entstanden. Ich freue mich, dass sie durch den VS-Verlag einer breiten Öffentlichkeit zugänglich gemacht wird.

Prof. Dr. Claudia Fraas
Professur Medienkommunikation
Institut für Medienforschung
Technische Universität Chemnitz

Inhaltsverzeichnis

Geleitwort 5
Inhaltsverzeichnis 7
Abbildungs- und Tabellenverzeichnis 9
Einleitung 11
1 Nachhaltigkeit 15
    1.1   Begriff 15
    1.2   Dimensionen von Nachhaltigkeit 18
    1.3   Schwierigkeit und Chance des Nachhaltigkeitsbegriffs 25
2 Von der Theorie zur Praxis 29
    2.1   Strategien zur Umsetzung 29
    2.2   Akteure 31
        2.2.1   Staat 31
        2.2.2   Unternehmen 34
        2.2.3   Konsumenten 38
        2.2.4   Massenmedien 44
        2.2.5   Weitere Akteure 48
3 Kommunikation von Nachhaltigkeit 51
    3.1   Aufgaben und Ziele der Nachhaltigkeitskommunikation .. 51
    3.2   Nachhaltigkeitskommunikation in den Medien 55
        3.2.1   Selektionskriterien und der schwere Stand der
                  Nachhaltigkeit in den Medien 56
        3.2.2   Vom Alarmismus zum Ecotainment 58

       3.2.3   Bisherige Erkenntnisse der medialen Nachhaltigkeitskommunikation 63

4 Kommunikation von Nachhaltigkeit in Fernsehen und Web 2.0 – Untersuchung 69

    4.1   Medienauswahl 69
        4.1.1   Fernsehen 70
        4.1.2   Web 2.0 73
    4.2   Untersuchung 77
    4.3   Kommunikation von Nachhaltigkeit im Fernsehen 78
        4.3.1   Vorgehen 78
        4.3.2   Ergebnisse 82
        4.3.3   Einschätzung 104
    4.4   Kommunikation von Nachhaltigkeit im Web 2.0 109
        4.4.1   Nachhaltigkeit 2.0 und Vorgehen 109
        4.4.2   Ergebnisse 117
        4.4.3   Einschätzung 136

5 Vergleichende Zusammenfassung der Untersuchung und Fazit 141

Quellenverzeichnis 147

Abbildungs- und Tabellenverzeichnis

Abbildung 1: Nachhaltigkeitskriterien im Drei-Säulen-Modell............ 21
Abbildung 2: System von Nachhaltigkeitsregeln...................................... 24
Abbildung 3: Kommunikation von Nachhaltigkeit im Fernsehen 82
Abbildung 4: Kommunikation von Nachhaltigkeit in Blogs 117
Abbildung 5: Tag Cloud von Nachhaltigkeitsblogs.............................. 119
Abbildung 6: Visualisierung des Netzwerks der
Nachhaltigkeitsblogs.. 133

Tabelle 1: Analysierte Sendungen.. 81
Tabelle 2: Analysierte Nachhaltigkeitsblogs..................................... 116

Einleitung

Nachhaltigkeit ist in aller Munde. Immer häufiger taucht dieser Begriff im Alltag, in den Medien und in politischen und wirtschaftlichen Zusammenhängen auf. Grund dafür sind die seit vielen Jahren drängenden Probleme wie steigender Ressourcenverbrauch und knapper werdende Rohstoffe bei gleichzeitig zunehmender Weltbevölkerung. Das beständige Streben nach ökonomischem Wachstum und verstärktem internationalen Wettbewerb intensiviert die soziale Ungleichheit sowohl zwischen Industrie- und Entwicklungsstaaten als auch innerhalb der einzelnen Länder. Damit einhergehende Dauer- und Massenarbeitslosigkeit, Armut und Hungersnöte sind ebenso gravierend wie die vieldiskutierten Klimaveränderungen und andere schädigende Auswirkungen auf Natur und Umwelt. Aus der Betrachtung dieser Bedingungen heraus erstarkt die Einsicht, dass ökologische, ökonomische und soziale Belange in wechselseitiger Beziehung stehen und zur Verbesserung gegenwärtiger Zustände in Einklang gebracht werden müssen. Es gilt demnach sowohl für heutige wie für kommende Generationen, eine gerechte Verteilung von Lebenschancen zu ermöglichen sowie verantwortungsvoll mit natürlichen Ressourcen umzugehen. Diese ganzheitliche Betrachtungsweise ist das Hauptmerkmal der Nachhaltigkeitsidee und die logische Fortführung bereits etablierter Umweltschutzpolitik.

Viele Menschen sind sich inzwischen darüber bewusst, dass es nicht weitergehen kann wie bisher. Zahlreiche kreative Vorschläge und Unternehmungen zur Realisierung einer nachhaltigen Entwicklung treffen auf eine wachsende Nachfrage. Bio-Lebensmittel, Ökostrom, ethisches Investment, Fairer Handel, nachhaltige Technologien sowie nachhaltiges Design und Marketing erleben im Augenblick einen deutlichen Aufschwung. Nachhaltigkeitsbezogene Studiengänge etablieren sich, das

Interesse von Konsumenten an Herkunft und Herstellungsbedingungen angebotener Waren steigt und Projekte mit Vorbildcharakter – wie beispielsweise die ausschließliche Versorgung mit Ökostrom der Stadt München ab dem Jahr 2015 – werden ins Leben gerufen.

Dennoch bleibt es ein weiter Weg, nachhaltige Prinzipien in den Köpfen der Mehrheit zu verankern, um damit die Basis für verantwortungsvolles Handeln zu schaffen. Die vorliegende Arbeit stellt dabei die Frage, in welcher Form ausgewählte Medien wie Fernsehen und Weblogs (als Vertreter des Web 2.0) die Idee der Nachhaltigkeit kommunizieren. Wie deren konkreter Beitrag aussieht, die Gesellschaft mit Wissen und Informationen zu diesem Leitbild zu versorgen, eine Sensibilisierung für relevante Handlungsfelder zu erreichen sowie zu Verhaltensänderungen zu motivieren, die den aktuellen Wandel unterstützen.

Dazu erfolgt zunächst die Klärung des Begriffs, die auch die Betrachtung seiner Stärken und Schwächen einschließt. Ausgehend von seiner theoretischen Fundierung, wird der Bogen zur praktischen Umsetzung geschlossen und beleuchtet, welche Akteure an der nachhaltigen Entwicklung beteiligt sind. Anschließend wird erst allgemein auf die Aufgaben und Ziele von Nachhaltigkeitskommunikation, danach speziell auf ihre massenmediale Durchführung eingegangen. Dabei sind einerseits hinderliche Faktoren wie die Komplexität des Nachhaltigkeitsleitbilds und die Selektionskriterien der Medien von Interesse. Andererseits soll aufgezeigt werden, welche Bemühungen zur Beseitigung dieser Schwierigkeiten existieren. Hierzu schließt sich die Beschreibung der bisherigen wissenschaftlichen Erkenntnisse medialer Nachhaltigkeitskommunikation an.

All diese Aspekte legen den Grundstein für das Verständnis der im Zentrum der Arbeit stehenden Analyse des Ist-Zustands der Vermittlung von Nachhaltigkeit in Fernsehen und Web 2.0. Dazu wurde eine Erhebung durchgeführt, die sich auf Deutschland beschränkt und für die Untersuchung der TV-Kommunikation 34 Sendungen aus dem Jahr 2009 einbezieht. Für die Erkundung des Web 2.0 bilden 18 Weblogs die Datenbasis. Das Ziel der Auswertung ist das Aufdecken konkreter Methoden und Formen, die zur Verbreitung des Leitbilds eingesetzt werden.

Ergänzend interessieren auch inhaltliche Schwerpunkte und qualitative Eigenschaften der Vermittlung. Aufgrund der ausgeprägten Unterschiede beider Medientypen werden deutliche Differenzen zwischen den Ergebnissen vermutet. Die Arbeit schließt mit einer vergleichenden Zusammenfassung der gewonnenen Erkenntnisse und gibt Ausblick auf mögliche Potentiale für die Weiterentwicklung der bisherigen Nachhaltigkeitskommunikation.

1 Nachhaltigkeit

1.1 Begriff

Noch bevor das Konzept der Nachhaltigkeit die gegenwärtige Aufmerksamkeit erhielt, wurde die Begrifflichkeit vermutlich erstmals um 1700 durch den sächsischen Oberberghauptmann Hans Carl von Carlowitz verwendet und geprägt. In seinem Werk „Sylvicultura Oeconomica" von 1713, das als erstes forstwissenschaftliches Werk gilt, spricht er sich im Rahmen des prognostizierten Holzmangels für eine Ausgewogenheit zwischen Abholzung und Wiederaufforstung aus. Dazu gibt er Empfehlungen für eine nachhaltige, das heißt sorgsame und vorausschauende Nutzung der Ressource Wald.[1] In der Folgezeit wurde in der Forstwirtschaft das „Kunstworte Nachhalt" gebraucht, um damit die Nutzung eines Waldes als nachhaltig zu beschreiben, „wenn nicht mehr jährlich darin Holz gefällt wird, als die Natur jährlich darin erzeugt, und auch nicht weniger"[2].

Auch heute bedeutet der Nachhaltigkeitsbegriff „im forstlichen Kodex (…) bezogen auf die Nutzungsfunktion des Waldes, immer nur so viel aus dem Naturhaushalt zu entnehmen, wie dort dauerhaft wieder nachwächst"[3]. Selbstverständlich betrifft diese Erkenntnis des achtsamen Ressourcenumgangs nicht nur Wälder. Alles, was der Mensch „durch Erfindungsgeist, Arbeitseinsatz und Organisationskraft schafft", bedarf

---

[1] vgl. Grober (1999), zeit.de
[2] Kasthofer (1818), S. 71
[3] TMLMNU (2006), S. 15

einer „Vorleistung der Natur"[4]. So sind sämtliche „Grundstoffe wie auch alle Primärenergieträger, die zur Herstellung von Produkten und Dienstleistungen benötigt werden, (...) aus der Natur entnommen. Ohne Atemluft, Wasser und Sonneneinstrahlung wäre jedwedes Leben auf der Erde unmöglich."[5] Diese Bewusstheit über die Abhängigkeit des Menschen von seinem natürlichen Lebensraum ist die Basis eines verantwortungsvollen Umgangs mit der Umwelt, der seit vielen Jahren Kerngrundsatz der Umweltschutzpolitik und Ursprung des aktuellen Nachhaltigkeitskonzepts ist.

Das Verständnis des modernen Nachhaltigkeitsbegriffs, das seit einigen Jahren in den Blickpunkt des Interesses vieler Disziplinen gerückt ist, umfasst allerdings einen breiteren Ansatz. Die am meisten geteilte Grundsatzdefinition lieferte die internationale Weltkommission für Umwelt und Entwicklung (World Commission on Environment and Development, WCED). Anlass für ihr Zusammentreffen im Auftrag der Generalversammlung der Vereinten Nationen im Jahr 1983 war es, aufgrund aktueller Probleme wie Umweltbelastungen durch Luftschadstoffe oder Wasserverschmutzung, Armut und Hungersnöte, den Nachhaltigkeitsgedanken auf globaler Ebene aufzugreifen und „langfristige Umweltstrategien vorzuschlagen, um (...) dauerhafte Entwicklung zu erreichen"[6]. In ihrem Bericht von 1987 „Unsere gemeinsame Zukunft" (auch Brundtland-Bericht genannt) heißt es: „Dauerhafte Entwicklung ist Entwicklung, die die Bedürfnisse der Gegenwart befriedigt, ohne zu riskieren, dass künftige Generationen ihre eigenen Bedürfnisse nicht befriedigen können."[7] Hauptziel ist demnach die Befriedigung menschlicher Bedürfnisse, wobei den Grundbedürfnissen der Ärmsten der Welt besondere Priorität verliehen wird. Schließlich betrachtet die Kommission Armut nicht nur an sich als großes Übel, sondern ist der Ansicht, dass „eine Welt, in der die Armut herrscht, immer zu ökologischen und anderen

---

[4] Renn/Knaus/Kastenholz (1999), S. 17
[5] ebd.
[6] Hauff (1987), S. XIX
[7] ebd., S. 46

Katastrophen neigen"[8] wird. Die Beseitigung der Armut soll daher in einer solchen Form vonstatten gehen, dass sie begrenzte Naturressourcen auch für Folgegenerationen erhält.[9] Als Kern der Definition wird demnach die Schaffung sozialer Gerechtigkeit gesehen, die sich in einer „gerechte[n] Verteilung der Chancen zur Bedürfnisbefriedigung, sowohl zwischen aufeinanderfolgenden Generationen (intergenerative Gerechtigkeit) als auch innerhalb jeder Generation (intragenerative Gerechtigkeit)"[10] zeigt, gesehen. Abschließend beschreibt die Kommission Nachhaltigkeit anstelle eines „Zustands starrer Ausgewogenheit" als „Prozess ständigen Wandels, dessen Ziel darin besteht, die Ausbeutung der Ressourcen, den Investitionsfluss, die Ausrichtung der technologischen Entwicklung und die institutionellen Veränderungen mit künftigen wie gegenwärtigen Bedürfnissen in Einklang zu bringen"[11].

Dieser ersten, weit über alle Grenzen hinaus beachteten Debatte um Nachhaltigkeit folgten zahlreiche Studien, Veröffentlichungen und weitere Konferenzen. Eine der bedeutsamsten für die Weiterentwicklung des Konzepts ist die Konferenz der Vereinten Nationen über Umwelt und Entwicklung (United Nations Conference on Environment and Development, UNCED), die im Jahr 1992 in Rio de Janeiro stattfand. Im Rahmen dieses Umweltgipfels wurden die Ideen und ersten Handlungsvorschläge des Brundtland-Berichts weiter ausgearbeitet. Eines der wichtigsten Ergebnisse ist die Agenda 21 – ein Aktionsprogramm, das sich als globale Richtline für nachhaltiges Handeln versteht, welches die gemeinsame Arbeit aller Nationen erfordert: „Keine Nation vermag dies allein zu erreichen, während es uns gemeinsam gelingen kann: in einer globalen Partnerschaft im Dienste der nachhaltigen Entwicklung."[12] Die Agenda 21 führt dazu Handlungsfelder (beispielsweise zahlreiche Anwendungsfelder des Umweltschutzes, Armutsbekämpfung oder die Verän-

---

[8] Hauff (1987), S. 10
[9] vgl. ebd., S. 46
[10] Jörissen et al. (1999), S. 43
[11] Hauff (1987), S. 10
[12] Agenda 21 (1992), S. 1

derung von Konsumgewohnheiten) sowie Akteure auf und bietet Vorschläge zur Umsetzung. Aufgrund ihres globalen Anspruches bleibt sie jedoch in einer allgemeingehaltenen Formulierung und benennt hauptsächlich zu erreichende Ziele, anstatt konkrete Maßnahmen. Für die Realisierung auf lokaler Ebene werden daher alle Regierungen der über 170 Unterzeichnerländer aufgefordert, selbst geeignete Strategien und Maßnahmen zu entwickeln.[13]

Mit den beiden erwähnten Konferenzen fand das Thema Nachhaltigkeit Einzug in weltweite umwelt- und entwicklungspolitische Diskussionen.[14] In Deutschland wurde die Thematik im Jahr 1994 vom Rat der Sachverständigen für Umweltfragen (SRU) zum Leitbild erhoben und zwei Jahre später zum gesellschaftspolitischen Leitbild der Zukunft ernannt.[15] Um diesem Leitbild – als visionäres Idealbild der Gesellschaft – ein Gesicht zu geben und es zu operationalisieren, wurden mehrere Empfehlungen vorgelegt, die kontrovers diskutiert wurden. Nachstehend soll ein Blick auf zwei dieser Ansätze gemeinsam mit einer tiefergehenden Begriffserläuterung erfolgen.

1.2 Dimensionen von Nachhaltigkeit

Im Gegensatz zum historischen Verständnis von Nachhaltigkeit wie auch zur klassischen Umweltpolitik umfasst der gegenwärtige Nachhaltigkeitsgedanke nicht nur umweltbezogene Ziele wie den Schutz der natürlichen Lebensgrundlagen. Der Erhalt der natürlichen Ressourcen wirkt sich, wie bereits angesprochen, ebenso auf die wirtschaftliche und gesellschaftliche Entwicklung aus. Daher werden die drei Komponenten Ökologie, Ökonomie und Soziales als die Dimensionen der Nachhaltigkeit bezeichnet und zur Ausdifferenzierung dieses komplexen Entwicklungsziels in verschiedene Modelle integriert. Am häufigsten werden die

---

[13] vgl. Agenda 21 (1992), S. 1
[14] vgl. Enquete-Kommission (1998), S. 27
[15] vgl. SRU (1994), S. 10; vgl. SRU (1996), S. 15

Komponenten im sogenannten Drei-Säulen-Modell beziehungsweise im Nachhaltigkeitsdreieck dargestellt, wobei angenommen wird, dass umwelt-, wirtschafts- und gesellschaftsbezogene Anteile in gleichwertiger und wechselseitiger Abhängigkeit zueinander stehen.[16]

Der **ökologischen Dimension** kommt die Auseinandersetzung mit dem Schutz der Ökosphäre zu. Durch Eingriffe des Menschen in Ökosysteme, beispielsweise durch Stoffeinträge (Schadstoffe, die der Umwelt zugeführt werden), landwirtschaftliche Nutzung oder Einnahme von Siedlungs- und Verkehrsfläche, sind diese inzwischen überwiegend anthropogen beeinflusst. Die Umformung dieser Systeme nach menschlichen Bedürfnissen führte zu verschieden starken Veränderungen, die sich unter anderem im Verschwinden von Tier- und Pflanzenarten zeigen, sodass es teilweise unmöglich geworden ist, deren Nutzungsmöglichkeiten für zukünftige Generationen zu gewährleisten. Unter Berücksichtigung des natürlichen Wandels von Ökosystemen gilt es daher, ihre Belastbarkeit nicht zu überschreiten und den unerwünschten menschlichen Einflüssen Einhalt zu gebieten. Dies erfordert den achtsamen Umgang mit Ressourcen, Senken und Stoffen, die in die Natur übergehen sowie den Schutz der menschlichen Gesundheit.[17]

Die **ökonomische Dimension** zielt auf eine solide wirtschaftliche Entwicklung, ohne ökologische und soziale Belange zu vernachlässigen. Unter dem Einsatz der Ressourcen Arbeitskraft und Produktivität soll die Bevölkerung bestmöglich mit Gütern und Dienstleistungen versorgt werden. Dabei stehen unter dem System der sozialen Marktwirtschaft die Unterstützung des freien Wettbewerbs und die Verhinderung von Monopol- und Oligopolbildung im Zentrum der regulierenden Eingriffe des Staates. Infolge eines funktionierenden Wirtschaftsgefüges können Funktionen von Produkten verbessert, Produktionsabläufe optimiert und neue Produkte entwickelt werden und Unternehmen in Abhängigkeit der Wertschätzung durch Konsumenten wachsen, schrumpfen oder aus dem Markt ausscheiden. Letztendlich soll über Arbeitsteilung, Spezialisierung

---

[16] vgl. Enquete-Kommission (1998), S. 32
[17] vgl. ebd., S. 44 f.

und technischen Fortschritt die Menge an Gütern und Dienstleistungen gesteigert und drohende Knappheit durch effizientere Produktionsweisen vermindert werden.[18]

Im Fokus der **sozialen Dimension** liegt die Verteilungsgerechtigkeit – sowohl zwischen Individuen als auch zwischen Generationen. Gemeint ist dabei die gerechte Verteilung von Lebenschancen, Arbeit, Einkommen und gesellschaftlichem Wohlstand. Grundlegend hierfür sind die Solidaritäts- und Sozialstaatsprinzipien, die sich im demokratischen und rechtsstaatlichen System, in der sozialen Marktwirtschaft, im gesellschaftlichen Zusammenhalt und friedlichen Zusammenleben, in der Unterstützung von Schwächeren, der Risikoabsicherung durch Versicherungen, der Chancengleichheit der Geschlechter und Benachteiligter sowie in der Möglichkeit zu freien Entfaltung des Individuums widerspiegeln.[19]

Um diese drei Dimensionen auszugestalten, wurden zahlreiche Vorschläge aus Fachkreisen vorgelegt, in denen verschiedenste qualitative Ziele formuliert wurden, die als Ausgangspunkt zur Strategieentwicklung dienen sollen. Aus der Vielfalt von Arbeiten sei an dieser Stelle das Ergebnis der Querschnittsgruppe Arbeit und Ökologie herausgegriffen, da es in der Literatur mehrfach als Grundlage für eine Nachhaltigkeitsdiskussion herangezogen wird. Abbildung 1 veranschaulicht die von der Arbeitsgruppe aufgestellten Nachhaltigkeitskriterien sowie deren Verständnis des Drei-Säulen-Modells.

---

[18] vgl. Enquete-Kommission (1998), S. 46 ff.
[19] vgl. ebd., S. 49 ff.

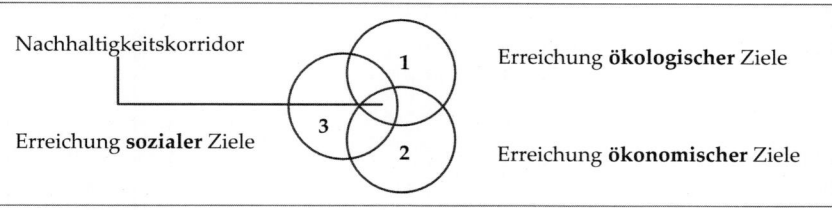

- **-1- Ökologische Nachhaltigkeit**
  - Verbesserung der Umweltqualität
  - Verringerung des Rohstoffverbrauchs
  - Verringerung des Energieverbrauchs
  - Schutz der biologischen Vielfalt
  - Risikovermeidung für Mensch und Tier
- **-2- Ökonomische Nachhaltigkeit**
  - Funktionsfähigkeit des Wirtschaftssystems
  - Vollbeschäftigung und soziale Sicherung
  - Ökonomische Leistungsfähigkeit und Innovationskompetenz
  - Intergenerationeller Ausgleich
  - Internationale wirtschaftliche Stabilität
- **-3- Soziale Nachhaltigkeit**
  - Selbstbestimmte Lebensführung durch eigene Arbeit
  - Umweltverträgliche Befriedigung der Grundbedürfnisse
  - Chancengleichheit und gesellschaftliche Grundsicherung
  - Aktive gesellschaftliche Teilhabe im Rahmen von Nachhaltigkeitsstrategien

Abbildung 1: Nachhaltigkeitskriterien im Drei-Säulen-Modell[20]

Mittlerweile werden Darstellungen dieser Art mehrfach beanstandet, da sie die Integration der verschiedenartigen Ziele erschweren. So kritisieren Ott und Döring, dass es durch die unterschiedlichen Interessenlagen der jeweiligen gesellschaftlichen Vertreter beim Ausgestalten der Säulen zu Zielkonflikten kommen kann und somit eine Aushandlung zwischen den Akteuren erfolgt, die die eigentlich angestrebte Gleichbehandlung der Dimensionen aushebelt.[21] Zum anderen wird von vielen Experten das

---

[20] Neidhardt (2000), S. 21
[21] vgl. Ott/Döring (2004), S. 36

Verhältnis zwischen herkömmlicher Umweltpolitik und Nachhaltigkeit heftig diskutiert. Aufgrund der gleich gewichteten Zielerreichung befürchten sie eine Vernachlässigung der ökologischen Ziele, wodurch besonders wirtschaftliche Interessen die bisherigen Ergebnisse der herkömmlichen Umweltpolitik verdrängen könnten.[22] Zu guter Letzt kommt in einer solchen Darstellung die Tatsache zu kurz, dass die für Nachhaltigkeit essentiellen Bedingungen der Zukunftsverantwortlichkeit und inter- und intragenerativen Gerechtigkeit dimensionsübergreifend angelegt sind.[23]

Infolgedessen wurden verstärkt dimensionsübergreifende Modelle mit integrativen Nachhaltigkeitskonzepten entworfen. Das bekannteste stammt von der Helmholtz-Gemeinschaft (HGF), die auf Grundlage des Brundtland-Berichtes, der Rio-Dokumente und unter Beachtung der Kritik an den Drei-Säulen-Modellen verschiedene Nachhaltigkeitsregeln erarbeitete. Obwohl auch dieser Ansatz auf der Basis der Entwicklungsdimensionen Ökologie, Ökonomie, Soziales und einer vierten, politisch-institutionellen beruht, erfolgt die Operationalisierung von Nachhaltigkeit nicht über die Zielentwicklung aus Sicht jeder einzelnen Dimension. Stattdessen werden zunächst die konstitutiven Elemente des Leitbilds – sein globaler Anspruch, die Forderung nach Gerechtigkeit und seine anthropozentrische Perspektive – herausgearbeitet. Diese wiederum bilden den Ausgangspunkt für die Ableitung von drei generellen Nachhaltigkeitszielen, die vom Kernpostulat der intra- und intergenerativen Gerechtigkeit ausgehend, den Ressourcenbegriff von der ökologischen Dimension auf die ökonomische und soziale ausdehnen.[24]

Nach Ansicht der Forschergruppe ergibt sich daraus das Gebot der [1] Sicherung der menschlichen Existenz – in dem Sinne, dass die gegenwärtige Generation den zukünftigen Generationen nicht die Voraussetzungen für ein erfülltes Leben nimmt. Dies beinhaltet die Wahrung der natürlichen Grundlagen sowie der Möglichkeiten zu einer eigenständigen Erfüllung der Grundbedürfnisse. Des Weiteren ist die [2] Erhaltung

---

[22] vgl. Stark (2006), S. 19
[23] vgl. Grunwald/Kopfmüller (2006), S. 53
[24] vgl. ebd., S. 55; vgl. Jörissen et al. (1999), S. 37 ff.

des gesellschaftlichen Produktivpotentials Ziel nachhaltiger Entwicklung. Dazu gehört die Aufrechterhaltung der produktiven Kapazität für Folgegenerationen, das heißt (erneuerbarer und nicht erneuerbarer) natürlicher Ressourcen, wobei die Ressource „menschliches Wissen" hervorgehoben wird. Abschließend wird die [3] Bewahrung der Entwicklungs- und Handlungsmöglichkeiten angestrebt. Dies betrifft im Gegensatz zur Bewahrung der materiellen Bedürfnisbefriedigung, immaterielle Bedürfnisse (beispielsweise individuelle Entfaltungsmöglichkeiten). Diesen Oberzielen werden im nächsten Schritt einerseits substantielle Regeln zugeordnet, die aus inhaltlichen Mindestanforderungen für heutige und zukünftige Generationen bestehen (WAS-Regeln) und andererseits instrumentelle Regeln (Wie-Regeln), die den Weg zur Umsetzung dieser Anforderung beschreiben.[25]

Substantielle Regeln und ihre Zuordnung		
[1] Sicherung der menschlichen Existenz	**[2] Erhaltung des gesellschaftlichen Produktivpotentials**	**[3] Bewahrung der Entwicklungs- und Handlungsmöglichkeiten**
Schutz der menschlichen Gesundheit	Nachhaltige Nutzung erneuerbarer Ressourcen	Chancengleichheit im Hinblick auf Bildung, Beruf, Information
Gewährleistung der Grundversorgung (Nahrung, Bildung, ...)	Nachhaltige Nutzung nicht erneuerbarer Ressourcen	Partizipation an gesellschaftlichen Entscheidungsprozessen
Selbständige Existenzsicherung	Nachhaltige Nutzung der Umwelt als Senke	Erhaltung des kulturellen Erbes und der kulturellen Vielfalt
Gerechte Verteilung der Umweltnutzungsmöglichkeiten	Vermeidung unvertretbarer technischer Risiken	Erhaltung der kulturellen Funktion der Natur
Ausgleich extremer Einkommens- und Vermögensunterschiede	Nachhaltige Entwicklung des Sach-, Human- und Wissenskapitals	Erhaltung der sozialen Ressourcen

---

[25] vgl. Jörissen et al. (1999), S. 46 ff.

Instrumentelle Regeln
Internalisierung der externen ökologischen und sozialen Kosten
Angemessene Diskontierung
Begrenzung der Staatsverschuldung
Faire weltweite Rahmenbedingungen
Internationale Kooperationen
Resonanzfähigkeit gesellschaftlicher Institutionen
Steuerungsfähigkeit
Selbstorganisationsfähigkeit
Machtausgleich

Abbildung 2: System von Nachhaltigkeitsregeln[26]

Auch dieses Modell versteht sich als Vorschlag zur weiteren Operationalisierung sowie zur Anwendung als Prüfkriterium zur Unterscheidung zwischen nachhaltigen und nicht nachhaltigen Zuständen.[27] Seine Formulierung ist betont abstrakt gehalten, da es den Anspruch hat, Mindestanforderungen festzulegen, die durch die jeweiligen Bereiche (wie Wirtschaft oder Politik) und Regionen spezifischer ausgestaltet werden sollen.[28]

Es lässt sich abschließend festhalten, dass es zahlreiche weitere Entwürfe zur Entwicklung eines praktikablen Nachhaltigkeitsmodells gibt, bei denen ein grober Konsens darüber ersichtlich ist, dass es die Bereiche Ökologie, Ökonomie und Soziales sind, die integrativ zu betrachten sind. Im Einklang mit dieser Erkenntnis lassen sich drei definitorische Ebenen unterscheiden: Auf der operativen Ebene steht die Harmonisierung der Globalziele Umwelt, Wirtschaft und Soziales im Fokus. Auf der strategischen Ebene gilt es, diese Harmonisierung nicht nur in der Gegenwart, sondern auch in der Zukunft zu erreichen. Die normative Ebene steht für die staatliche und gesellschaftliche Übernahme von Verantwortung für Mensch und Umwelt.[29] Nachhaltige Entwicklung wird hierbei „als sozial-

---

[26] Grunwald/Kopfmüller (2006), S. 57
[27] vgl. Jörissen et al. (1999), S. 51
[28] vgl. Grunwald/Kopfmüller (2006), S. 56
[29] vgl. Schulz/Kreeb (2003), S. 160 f.

ethisches Prinzip interpretiert, das Fragen der Ökonomie und Ökologie mit Fragen internationaler, intra- und intergenerationeller Gerechtigkeit in Verbindung bringt"[30].

Beim Schwerpunkt der Gewichtung der Dimensionen herrscht jedoch ebenso Uneinigkeit wie bei der klaren begrifflichen Abgrenzung des Konzepts. Nachhaltigkeit bietet daher viel Raum für Kontroversen.

1.3 Schwierigkeit und Chance des Nachhaltigkeitsbegriffs

Wie eben angeklungen, bestehen vielfältige Bemühungen um eine Konkretisierung des Nachhaltigkeitsbegriffs und die Ausarbeitung praxisorientierter Strategien zur Umsetzung. Erschwerender Ausgangspunkt ist – trotz der deutlichen Relevanz der Thematik und der selbstverständlichen Nutzung des Begriffes – die bis heute fehlende Einigkeit bezüglich einer Definition des Terminus Nachhaltigkeit.

Ein Grund dafür mag die Einflechtung der englischen Begriffe *sustainability* und *sustainable development* sein, die über die internationale Diskussion in den Sprachgebrauch gelangten und im deutschsprachigen Raum sehr unterschiedlich übersetzt wurden. Sustainability bedeutet im Kern „die Funktionsfähigkeit eines Systems aufrecht zu erhalten"[31] und wird neben der im Brundtland-Bericht gewählten Übersetzung mit *dauerhafter Entwicklung* unter anderem mit *nachhaltig zukunftsverträgliche Entwicklung*[32], *Zukunftsbeständigkeit*[33], *dauerhaft-umweltgerechte Entwicklung*[34], *Nachhaltigkeit, nachhaltige Entwicklung* oder *Zukunftsfähigkeit*[35] wiedergegeben.

Diese Ungenauigkeit wird noch verstärkt, indem die Worte *Nachhaltigkeit* oder *nachhaltig* inzwischen fast inflationär gebraucht (vor allem in

---

[30] Matzen (1998), S. 158
[31] Verbundprojekt Arbeit und Ökologie (2000), S. 35
[32] Enquete-Kommission (1998), S. 27
[33] ICLEI (1998), S. 16
[34] SRU (1994)
[35] BUND/Miseror (1996), S. 24

Parteiprogrammen[36]) – oder ungenau verwendet werden. Beispielsweise wird *nachhaltig* (in den Medien) oft dann benutzt, wenn ausschließlich *langfristig, tiefgreifend, gründlich* oder *durchschlagend* gemeint ist.[37] Darüber hinaus führt die mangelnde Begriffsschärfe sowie dessen Verwendung durch verschiedene Interessengruppen und Fachperspektiven zu ganz unterschiedlichen Auslegungen und Akzentuierungen. So lagen bereits 1996 über 70 Definitionen von Nachhaltigkeit im internationalen Raum vor.[38] Im deutschsprachigen Raum trug Tremmel allein aus Quellen wissenschaftlicher Arbeiten 59 verschiedene Definitionen zusammen.[39] Aufgrund der verschiedenartigen Bedürfnisse der Disziplinen wie Naturwissenschaften, Wirtschaft, Politik und Sozialwissenschaften führt dies zu einem beachtenswerten Konfliktpotential und in der Konsequenz auch dazu, dass Nachhaltigkeit als Containerbegriff – beliebig befüllbar – angesehen wird.[40]

Eng mit den Schwierigkeiten verbunden ist der Leitbild-Charakter des Begriffs. Herrscht noch weitgehend Einigkeit über Nachhaltigkeit als ganzheitlichen, globalen und integrativen Ansatz, der die Verantwortung gegenüber heutigen und zukünftigen Generationen beinhaltet, so gibt es intensive Diskussionen um die Festlegung auf konkrete und gemeinsam akzeptierte Schritte zur Umsetzung des Leitbilds. Einerseits existieren vielfältige Arbeiten, die seine Operationalisierung auf rationale, wissenschaftliche Herangehensweise und mittels quantifizierbarer Ziele und Indikatoren zu erreichen versuchen. Andererseits wird aufgrund der Komplexität und Prozesshaftigkeit des Nachhaltigkeitskonzepts auch immer wieder darauf hingewiesen, dass seine Bedeutung vielmehr mittels diskursiver Verfahren zu bestimmen sei.[41] Da es nicht möglich ist, wissenschaftlich zu entscheiden, was „optimale Zustände einer Umweltqualität sind", muss in gesellschaftlicher Auseinandersetzung ein Kon-

---

[36] vgl. Tremmel (2003), S. 28
[37] vgl. ebd., S. 167
[38] vgl. Wehling (1997), S. 35
[39] vgl. Tremmel (2003), S. 100 ff.
[40] vgl. Stark (2006), S. 18
[41] vgl. Giesel (2007), S. 70 ff.

sens „über die jeweils anzustrebende Umweltqualität und die daraus ableitbaren Standards"[42] gefunden werden. Die Ableitung von Zielen für nachhaltige Entwicklung ist demnach kontextuell gebunden, das bedeutet, dass „die inhaltliche Konkretisierung dessen, was als dauerhaft sozial-, umwelt-, wirtschafts- und kulturverträglich bezeichnet werden kann, (…) jeweils historisch-situativ entschieden"[43] werden muss. Jörissen et al. betonen ebenfalls, dass sich Nachhaltigkeit in „einem sozialen Reflexions- und Diskussionsprozess durchsetzen" muss, denn „sie kann nicht verordnet und dann sozialtechnologischen Strategien ausgesetzt werden"[44].

Schlussendlich liegt genau hier die Schwäche und Stärke des Leitbilds. Einerseits ist das Ziel der nachhaltigen Entwicklung ein äußerst komplexes Unterfangen: die gleichzeitige Berücksichtigung globaler, regionaler und lokaler Aspekte auf ökologischer, wirtschaftlicher und sozialer Ebene – gekennzeichnet durch umstrittene Operationalisierbarkeit und konfliktäre Umsetzungsvorschläge. Erschwerend kommt die Einschätzung Brandts hinzu, dass das Leitbild, bezogen auf seinen motivierenden und mobilisierenden Charakter, viel zu abstrakt ist. Es lässt klare Problemdiagnosen vermissen und verwirrt vielmehr mit widersprüchlichen Handlungsperspektiven. Auf der anderen Seite ist aufgrund der gemeinsam geteilten Problemwahrnehmung ein moralisch stark legitimiertes und kontrovers strukturiertes Diskurs- und Handlungsfeld entstanden, das die Beteiligung von allen Akteuren erfordert, die ihren Einfluss auf diesem Gebiet wahren wollen.[45] Dass keine feste Definition von Nachhaltigkeit vorliegt, muss kein Nachteil für ihr Gelingen sein. So sind es ebenfalls nach Brandts Ansicht gerade die Unbestimmtheit und die vielfältigen Möglichkeiten der Ausdeutung, die dem Konzept „breite soziale Anschlussfähigkeit"[46] verschaffen. Auch Cervinka betont,

---

[42] Enquete-Kommission (1994), S. 57
[43] Matzen (1998), S. 166
[44] Jörissen et al. (1999), S. 29
[45] vgl. Brandt (1999), sowi-online.de
[46] Brandt (1997), S. 11

dass die vielfältigen Disziplinen und Interessengruppen durch die Offenheit des Konzepts „besser in der Lage [sind], sich am problemorientierten Diskurs zu beteiligen" und entsprechende Projekte gemeinsam anzugehen. „Die Marke ‚Nachhaltigkeit' erfüllt somit eine soziale Funktion, indem sie als Erkennungszeichen für gemeinsame Interessen und gesellschaftliche Ziele den Rahmen zur Konzept- und Strategieentwicklung absteckt und Leitplanken für praktisches Handeln und dessen Evaluation vorgibt."[47]

Und obwohl bislang keine einheitliche Definition vorliegt, zahlreiche Kontroversen um die Operationalisierung und Präzisierung des Nachhaltigkeitskonzepts geführt werden, zeigen bisherige Entwicklungen auf wirtschaftlicher, ökologischer und sozialer Ebene, dass Nachhaltigkeit durchaus machbar ist und die Inhalte und Ziele des Leitbilds deutlich genug zu verstehen sind.

Um eine Annäherung an die in der Arbeit fokussierten Betrachtungen der Kommunikation von Nachhaltigkeit im Fernsehen und im Web 2.0 zu erreichen, wird im Folgenden der Blick auf ihre praktische Umsetzung gelegt – gewissermaßen als Hinweis darauf, welcher thematischen Vielfalt die Nachhaltigkeitskommunikation unterliegt.

---

[47] Cervinka (2006), S. 123

2 Von der Theorie zur Praxis

Wie kann Nachhaltigkeit umgesetzt und in den Alltag integriert werden? Wer ist für ihre Verbreitung und ihre Verwirklichung zuständig? Um diese Fragen zu beantworten und das Nachhaltigkeitskonzept greifbarer zu machen, werden im Folgenden Strategien und beteiligte Akteure beschrieben. Letztere sind für eine nachhaltige Entwicklung essentiell. Unter dem Schlagwort Partizipation vereint, ist das „Engagement und die echte Beteiligung aller gesellschaftlichen Gruppen"[48] Ausgangspunkt jeglicher Veränderung. Die Betrachtung der Akteure und ihrer Handlungsfelder erfolgt in Abhängigkeit ihres Einflusses und ihrer Bedeutsamkeit für die anschließende Untersuchung der Nachhaltigkeitskommunikation unterschiedlich ausführlich. Insgesamt erhält das Praxis-Kapitel deshalb so großen Platz, um Beispiele zu liefern und einen Eindruck davon zu vermitteln, in welcher Form und über welche inhaltlichen Zugänge das Nachhaltigkeitsleitbild kommuniziert werden kann.

2.1 Strategien zur Umsetzung

Wie eben ausgeführt, existieren keine einfachen Lösungen oder fertigen integrierten Vorgehensweisen, um die unterschiedlich schweren und teilweisen irreversiblen Probleme, die sich auf Umwelt, Wirtschaft und Gesellschaft auswirken, gleichzeitig zu beheben. Den bisherigen Ansatzpunkt bilden die auf die ökologische Dimension ausgerichteten Strate-

---

[48] Agenda 21 (1992), S. 273

gien der Effizienz, Suffizienz und Konsistenz.[49] Wie bei den meisten praktischen Umsetzungen ist die Orientierung an der ökologischen Komponente bisweilen dominierend, da viele Wissenschaftler diese Dimension als bedeutsame Vorbedingung für die Umsetzung der beiden übrigen Komponenten sehen.[50]

Die **Effizienzstrategie** erstrebt einen verminderten Umweltverbrauch durch die Verringerung des Stoff- und Energieeinsatzes pro Dienstleistung beziehungsweise Ware. Dazu ist eine Steigerung der Ressourcenproduktivität notwendig, die beispielsweise durch Produktinnovationen, verbesserte Organisations- und Produktionsweisen, Wiederverwendbarkeit, erhöhte Produktlebensdauer und Abfallvermeidung erreicht werden kann. Die **Suffizienzstrategie** beabsichtigt, eine geringere Umweltbelastung durch die Reduktion von Verbrauch zu erreichen. Mit dem Gedanken von Angemessenheit und Bescheidenheit soll nur so viel beansprucht werden, wie für sich selbst und andere zuträglich ist. Besonders gefragt sind hier die Konsumenten, die mit einer geringeren Nachfrage bis hin zum Konsumverzicht Einfluss ausüben können. Das Anliegen der **Konsistenzstrategie** ist die Vereinbarkeit von Umwelt und Technik. Damit sich industrielle und natürliche Stoffwechselprozesse gegenseitig nicht stören, sondern ergänzen, ist der Einsatz umweltverträglicher Stoffströme und risikoarmer Technologien notwendig. Gemäß dem Motto „in intelligenten Systemen gibt es keine Abfälle, nur Produkte" werden Überreste eines Produkts zum Ausgangsmaterial eines anderen (zum Beispiel das erhitzte Kühlwasser bei der Stromerzeugung zur Weiterleitung als Fernwärme).[51]

Von diesen drei Konzepten wird angenommen, dass sie in ihrer gemeinsamen, sich gegenseitig ergänzenden Anwendung erfolgreiche Schritte in Richtung einer nachhaltigen Entwicklung sind. Allerdings birgt die Fokussierung auf ökologische Entlastung und ökonomische Effizienz die Gefahr, soziale Aspekte in den Hintergrund treten zu lassen.

---

[49] vgl. Gößling-Reisemann/von Gleich (2008), S. 11
[50] vgl. Weber (2001), S. 66
[51] vgl. ebd.; vgl. Sachs (2008), S. 363

Daher ist über diese Strategien hinaus weiteres und umfassendes Engagement des Staates und aller gesellschaftlichen Gruppen gefragt, um die Ziele des Leitbilds umzusetzen.

2.2 Akteure

Das Gelingen der Nachhaltigkeitsidee hängt vom Verhalten aller Akteure ab – beginnend bei der Verantwortung eines jeden Einzelnen, in seiner Rolle als Konsument, als Angestellter bei Unternehmen oder „staatlichen, wissenschaftlichen oder sonstigen Institutionen", als Geldanleger, „aber auch als Bürger und Wähler einer Demokratie"[52]. Die Realisierung von Nachhaltigkeit erfordert einen Wandel von Wirtschaft und Gesellschaft, das heißt einerseits Veränderungen der „gegenwärtigen Produktions- und Konsummuster sowie der Planungs- und Entscheidungsprozesse"[53] und andererseits in den Lebensweisen der Menschen. Verbunden mit der Komplexität des Konzepts ist die Notwendigkeit einer interdisziplinären Vorgehensweise und die kooperative Zusammenarbeit aller Akteure. Nachfolgend werden Ansatzpunkte und Beispiele der ausgewählten Handlungsvertreter beschrieben.

2.2.1 Staat

Die Bundesrepublik Deutschland hat Nachhaltigkeit zum Leitprinzip ihrer Politik erklärt. Im Jahr 2002 wurde die nationale Nachhaltigkeitsstrategie beschlossen, die auf den vier Eckpfeilern Generationengerechtigkeit, Lebensqualität, sozialer Zusammenhalt und internationale Verantwortung fußt. Dazu wurde das „Managementkonzept der Nachhaltigkeit" entwickelt, das zehn Managementregeln und 21 Schlüsselindikatoren enthält, die dabei helfen, konkrete Handlungsziele festzulegen und

---

[52] Schrader/Hansen (2001), S.42
[53] Grunwald/Kopfmüller (2006), S. 70

deren Umsetzungserfolge zu messen. Im Abstand von vier Jahren wird dann in einem Fortschrittsbericht die bisherige Entwicklung reflektiert und aufgezeigt, wo weiterer Handlungsbedarf besteht.[54] Prioritäre Handlungsfelder innerhalb der letzten Jahre bis zum heutigen Zeitpunkt sind beispielsweise:[55]

- Energie effizient nutzen – Klima wirksam schützen
- Mobilität sichern – Umwelt schonen
- Gesund produzieren – gesund ernähren
- Demographischen Wandel gestalten
- Neue Energieversorgungsstruktur unter Einbeziehung der erneuerbaren Energien
- Potenziale älterer Menschen in Wirtschaft und Gesellschaft
- Verminderung der Flächeninanspruchnahme
- Alternative Kraftstoffe und Antriebstechnologien
- Moderne Stromversorgung – erneuerbare Energien optimal integrieren
- Nachwachsende Rohstoffe – für neue Produkte und wachsende Märkte
- Biologische Vielfalt – schützen und nutzen.

Im Jahr 2008 wurden die Handlungsfelder Klima und Energie, nachhaltige Rohstoffwirtschaft, soziale Chancen des demografischen Wandels und Welternährung hervorgehoben und deren Umsetzungsstrategien überarbeitet. Dabei werden jedem untergeordnetem Schwerpunkt feste Zielwerte zugeordnet, die in einem vorgegebenen Zeitraum zu erfüllen sind. Beispielsweise erstrebt die Bundesregierung eine 21-prozentige Reduktion der Treibhausgase (im Rahmen des Kyoto-Abkommens) im Zeitraum von 2008 bis 2012 im Vergleich zu den Emissionswerten von 1990. Gegenwärtig ist Deutschland noch knapp 2,6 Prozentpunkte von diesem Ziel entfernt.[56] Die Verdopplung der Rohstoff- und Energieproduktivität bis zum Jahr 2020 ist ein weiteres Ziel. Um den Anteil erneuerbarer Energieträger wie Sonne, Biomasse, Wind oder Wasser auszubauen, wurde das Erneuerbare-Energien-Gesetz (EEG) verabschiedet und 2009 einer Novellierung unterzogen, um alternative Strom- und Wärmeerzeugung

---

[54] Bundesregierung (2008), S. 11 f.
[55] ebd., S. 22
[56] vgl. Bundesregierung (2008), S. 12

zu fördern und Emissionen zu senken. Im August 2009 wurde der Nationale Entwicklungsplan Elektromobilität beschlossen, mit dessen Hilfe bis zum Jahr 2020 eine Million Elektrofahrzeuge in Deutschland fahren sollen, um abermals CO_2-Emissionen zu verringern.[57] Für den Schwerpunkt nachhaltiger Flächennutzung sorgen unter anderem das Forschungsprogramm „Aufbau Ost" oder das Programm „Aktive Stadt- und Ortsteilzentren", die sich beide mit der Verbesserung von Stadtinnenentwicklung, der Steigerung ihrer Attraktivität und Leerstandbeseitigung durch Wiederherstellung von Gebäuden beschäftigen. Das Bundesprogramm „Perspektive Berufsabschluss" soll Jugendlichen ohne Schulabschluss dabei helfen, einen Beruf zu erlernen, um ihre Zukunftschancen auf dem Arbeitsmarkt zu verbessern. Ebenfalls im Ressort Bildung wurde im April 2009 die Kampagne „Schule der Zukunft – Bildung für Nachhaltigkeit" ins Leben gerufen, um nachhaltigkeitsbezogene Projekte in den Unterricht zu integrieren und soziales Engagement von Schülern zu fördern. Finanzielle Unterstützung kommt auch zahlreichen Informationskampagnen zugute, die die Öffentlichkeit beim Wandel zu einer nachhaltigen Lebensweise unterstützen sollen. Dazu gehören die Verbraucherinformationskampagne „Echt gerecht. Clever kaufen", die in einer Tour durch 70 deutsche Städte über nachhaltigen Konsum informierte oder die „fair feels good"-Aktion zur Bekanntmachung von Fairem Handel. Um die im vorigen Kapitel erwähnten Schwierigkeiten des Nachhaltigkeitskonzepts weiter auszuräumen, innovative Technologien zu fördern und die Handhabbarkeit des Leitbilds zu optimieren, wurde das Rahmenprogamm „Forschung für Nachhaltigkeit" (Fona) initiiert.[58] Auch andere Einrichtungen, wie der Rat für Nachhaltige Entwicklung (RNE) sollen bei der Weiterentwicklung ihren Beitrag leisten. Aufgaben dieses Rats sind daher die „Beratung der Bundesregierung zu allen Fragen der Nachhaltigkeitsstrategie, Vorschlag von Zielen, Indikatoren und Projekten zur Nachhaltigkeit [sowie die] öffentlich wirksame Kommunikation zur Idee

---

[57] vgl. Bundesregierung (2009), 1 ff.
[58] vgl. Bundesregierung (2008), S. 13 ff.; NUA (2009), nua.nrw.de

der nachhaltigen Entwicklung"[59]. Zu guter Letzt wurde übergreifend beschlossen, dass zukünftige Gesetze auf Nachhaltigkeit geprüft werden sollen.

Die wesentlichen Aufgaben des Staates zur Unterstützung und Realisierung einer nachhaltigen Entwicklung sind demzufolge die Schaffung politischer Rahmenbedingungen, die Ausarbeitung von konkreten Maßnahmen mit Hilfe von Aktionsprogrammen, finanzielle Förderung und andere Subventionierungsformen sowie Investitionen in Forschungsprogramme zur Weiterentwicklung des Nachhaltigkeitskonzepts. Darüber hinaus liegt es auch in der Verantwortung der Regierung, ihren Bürgern die Notwendigkeit und Relevanz des Leitbilds zu vermitteln und Bedingungen zu schaffen, die zu Ideenvorschlägen und zu Innovationen motivieren.

2.2.2 Unternehmen

Auch Unternehmen nehmen eine beachtliche Stellung als Akteur der Nachhaltigkeit ein, da sie maßgeblich zum Erfolg ihrer Entwicklung beitragen können. Einerseits haben sie mit ihren investitions-, produkt- und herstellungsbezogenen Entscheidungen direkten Einfluss auf „Entwicklung von Ressourcenverbrauch, Umweltbelastungen oder von Art und Umfang des Einsatzes der Faktoren Kapital, Arbeit und Wissen"[60]. Andererseits obliegt es ihnen durch Gremien- und Lobbyarbeit beeinflusste Entscheidungen sowie vor allem durch ihr Produktangebot und zugehörige Werbung indirekt Konsum- und Lebensstile zu beeinflussen.[61]

Im Laufe der Zeit richten immer mehr Unternehmen ihre Geschäftsstrategien auf das Thema Nachhaltigkeit aus. Dies hat vielerlei Gründe. Einer Umfrage von Kohtes Klewes zufolge sehen knapp 90 Prozent der befragten Personen jene Unternehmen, die eine auf Nachhaltigkeit aus-

---

[59] RNE (2007a), S. 8
[60] Grunwald/Kopfmüller (2006), S. 107
[61] vgl. ebd.

gerichtete Strategie verfolgen als langfristig erfolgreicher im Gegensatz zu rein profitorientierten Unternehmen.[62] In Zeiten der Finanzkrise hat sich diese Einschätzung für die Unternehmen bewahrheitet: Eine Studie aus dem Jahr 2008 kommt zum Ergebnis, dass nachhaltige Unternehmen während der Wirtschaftskrise eine bessere Performance erzielen als ihre Mitwettbewerber. Entscheidend ist hier das höhere Vertrauen der Märkte, dass die Unternehmen die Krise überstehen, die statt kurzfristiger Gewinnmaximierung langfristige Strategien bevorzugen und unter Nachhaltigkeit mehr als nur Umweltschutz verstehen.[63]

Zu den Umsetzungsschritten nachhaltiger Unternehmenstätigkeiten zählt beispielsweise die erwähnte (Öko-)Effizienz innerhalb von Prozessen, Produkten und Funktionen, um den Ressourcenaufwand gering zu halten. Im Rahmen der Beziehungen zwischen Unternehmen und gesellschaftlichen Anspruchsgruppen gibt es das Konzept der gesamtgesellschaftlichen Verantwortung (Corporate Social Responsibility, CSR), das als ganzheitlicher Gedanke über allen Tätigkeiten steht, die über die gesetzlichen Mindestanforderungen hinaus gehen. Erkennbar wird dies beispielsweise in der Erweiterung der strategischen Ausrichtung vom (Single) Bottom Line Management, welches sich auf ökonomische Gewinn-Verlust-Betrachtungen beschränkt, auf das Triple Bottom Line Management, das auch soziale und ökologische Ziele einschließt. Die Dokumentation und Rechenschaftsablegung über die tatsächliche Zielerreichung weisen die Unternehmen in Nachhaltigkeitsberichten (als Erweiterung vorheriger Umweltberichte) vor.[64]

Beschreibbare Handlungsfelder in diesem Bericht für Nachhaltigkeit sind auf ökologischer Ebene neben Ressourcenverbrauch, reduzierten Umweltbelastungen und dem Umgang mit Ökosystemen an sich (Standortwahl und Bauvorhaben des Unternehmens, Begrünung) auch die Risikominimierung für Mensch und Umwelt. Auf sozialer Ebene stehen die Sicherung von Arbeitnehmerinteressen und Arbeitsplätzen, die Förde-

---

[62] vgl. Schönborn (2001), presseportal.de
[63] vgl. Konetzny (2008), vnr.de
[64] vgl. Geiss et al. (2003), S. 28

rung von Arbeitsschutz und Gesundheit, die Gleichberechtigung beider Geschlechter sowie die soziale Integration behinderter und ausländischer Beschäftigter im Fokus. Des Weiteren hat die globale Verantwortung des Unternehmens, im Sinne der Einhaltung weltweiter Standards und Menschenrechtskonventionen bei internationalen Lieferanten, große Bedeutung. Bekannte Beispiele sind der Social Accountability Standard 8000 und die ILO-Konvention 182. Mit diesen sollen Kinder-, Zwangs- und Pflichtarbeit abgeschafft, maximale Arbeitszeiten eingehalten, gesunde Arbeitsbedingungen geschaffen und Gehälter über dem gesetzlichen Mindestsatz gezahlt werden. Aus ökonomischer Sicht interessiert vor allem die langfristige Strategieausrichtung zur Unternehmenssicherung (Investition in zukunftsfähige Märkte, geringe Fremdkapitalquote). Ebenso ist die Wertschöpfung und ihre gerechte Verteilung von Bedeutung, die sich in Höhe von Gehältern, Alters- und Sozialleistungen für die Angestellten oder in Spenden für nachhaltige Projekte zeigt. Als Ergänzung zu den drei bekannten Nachhaltigkeitsdimensionen wird den Unternehmen ein viertes Handlungsfeld vorgeschlagen: die Kooperation. Hierbei spielen die Zusammenarbeit mit anderen Unternehmen, Wissenschaftlern, Umweltverbänden und weiteren Institutionen zur Förderung von Nachhaltigkeit sowie eine offene Informationspolitik eine Rolle.[65]

Trotz guter Vorsätze und Projekte bleibt eine Schwierigkeit bestehen: Nicht alle Unternehmen integrieren den Nachhaltigkeitsgedanken aus rein ethisch-moralischen Gründen in ihre geschäftlichen Tätigkeiten. Auch andere Ursachen können die Nachhaltigkeitsausrichtung motivieren. Zum einen reagieren Unternehmen auf die gestiegene Nachfrage nach umweltgerechten und sozialverantwortlichen Produkten und Dienstleistungen, um ihren Gewinn zu sichern beziehungsweise zu steigern und weiter wettbewerbsfähig zu bleiben. Zum anderen erkennen sie den imagefördernden Charakter der Nachhaltigkeit. Dies führt nicht selten zu der als Greenwashing bezeichneten Maßnahme, bei der Unternehmen ihrem Ansehen mit Hilfe von PR-Kampagnen eine „grüne Farbe" verleihen. Erst im Juli 2009 machte die LobbyControl verdeckte PR-

---

[65] vgl. Braun et al. (2000), S. 16 ff.; vgl. TQU (2009), tqu.de

Tätigkeiten für den Verband der Deutschen Biokraftstoffindustrie e.V. (VDB) bekannt. Dieser hatte mit Hilfe der Berliner Agentur European Public Policy Advisers GmbH (EPPA), die kurz zuvor für ihre verdeckte PR-Arbeit im Namen der Deutschen Bahn vom Deutschen Rat für Public Relations gerügt wurde, versucht, den kritischen Meinungen zu Biokraftstoffen mit unlauteren Methoden entgegenzuwirken. Mittels gleichlautenden Leserbriefen, die auf den Plattformen bedeutender Pressevertreter veröffentlicht wurden, eigenen Internetauftritten und Youtube-Videos sollte eine manipulative Beeinflussung von Öffentlichkeit und Politik zu Gunsten des Images von Wirtschaftsverbänden oder Unternehmen erreicht werden.[66]

Dieses ungute Gefühl, dem plötzlichen Sinneswandel vieler Firmen zu trauen, schwingt auch bei den Entscheidungen der Jury des deutschen Nachhaltigkeitspreises mit. Die seit 2008 jährlich vergebene Auszeichnung ging im vergangenen Jahr unter anderem an den Chemiekonzern BASF und den Automobilhersteller VW. Beide setzen sich laut eigenen Aussagen stark für Nachhaltigkeitsprinzipien ein und präsentieren in ihren Nachhaltigkeitsberichten und Internet-Portalen ihre Aktivitäten, Projekte und Spendenaktionen. Nach Meinung der Juroren zeichnet die beiden ihre „Vorreiterrolle in Sachen Nachhaltigkeit" sowie die Tatsache, dass „ein Drittel aller Forschungsausgaben (…) in den Klimaschutz geflossen"[67] seien aus. Jurymitglied Zahrnt, zugleich Ehrenvorsitzende der Umweltverbandes BUND, sowie weitere Umweltschützer kritisieren diese Entscheidung auf das Schärfste. Es sei schließlich ein großer Widerspruch, wenn der weltweit drittgrößte Pestizidproduzent und Gentechnikbefürworter BASF diesen Preis erhalte. Ebenso unverständlich wie die Prämierung von VW, dessen durchschnittliche CO_2-Emissionswerte bei Neuwagen 163 Gramm pro Kilometer betragen und damit den europäischen Schnitt deutlich übersteigen.[68]

---

[66] vgl. Müller (2009), lobbycontrol.de; unter lobbycontrol.de/download/greenwash-studie.pdf veröffentlichte LobbyControl eine Kurzstudie über aktuelle Greenwashing-Kampagnen
[67] Werdermann (2008), taz.de
[68] vgl. Werdermann (2008), taz.de

Nicht anders verhält es sich bei international anerkannten Nachhaltigkeitsindices und -rankings wie beispielsweise dem Aktienindex *Dow Jones Sustainability Group Index*. Um die unternehmerischen Nachhaltigkeitsansprüche messbar und vergleichbar zu machen, analysiert und bewertet dieser Index Finanz-, Umwelt- und Sozialleistungen der Unternehmen. Auch hier sind Firmen wie Siemens, Adidas, Nestlé oder H&M vertreten, die sich einerseits medienwirksam in vielfältigen Projekten für die Verbesserung sozialer und ökologischer Produktionsbedingungen stark machen, andererseits bis heute für ihre schlechten Arbeitsbedingungen in Zulieferbetrieben, miserable Bezahlung, Ausbeutung und Kinderarbeit bis hin zu Kindersklaverei durch Rohstofflieferanten bekannt sind.[69]

Dessen ungeachtet gibt es natürlich auch viele Unternehmen, deren Firmenphilosophie von Beginn an auf den Prinzipien der Nachhaltigkeit beruht oder deren zusätzliches Engagement ernst gemeint ist. Ohne spezielle Firmennamen zu nennen, wird im nachstehenden Kapitel exemplarisch aufgezeigt, welche Kriterien an einen nachhaltigen Konsum geknüpft sind – dies wiederum lässt darauf schließen, dass die Unternehmen, welche die Produkte bereitstellen, zu jenen Positivbeispielen gehören.

2.2.3 Konsumenten

Konsumenten wird ein sehr gewichtiger Einfluss auf die Beteiligung an nachhaltiger Entwicklung zugeschrieben. Nicht ohne Grund wird der „Veränderung der Konsumgewohnheiten" in der Agenda 21 ein eigenes Kapitel gewidmet.

Die Wirtschaftsexperten Schrader und Hansen konstatieren, dass negative ökologische und soziale Folgen des Wirtschaftens zu einem Großteil durch Konsum (das heißt Kauf, Nutzung und Entsorgung) bedingt sind, da Unternehmen für eben jenen produzieren. Kunden beeinflussen somit tagtäglich mit ihren Kaufentscheidungen Erfolg und Miss-

---

[69] vgl. Werner/Weiss (2009), S. 264 ff.

erfolg von Marktangeboten. Die Ansicht, dass Konsumenten willenlos dem Handeln der Unternehmen ausgesetzt sind, ist ihrer Ansicht nach ebenso unzureichend, wie die Rechtfertigung von Produzenten mit der Herstellung von ökologisch und sozial problematischen Produkten lediglich auf Kundenwünsche einzugehen. Ihrer Meinung nach gibt es weder reine Produzenten- noch Konsumentensouveränität, sondern eine von der Nachfrage der Käufer ausgehende Konsumentenautorität. Ob Käufer nun nachhaltig konsumieren oder nicht, hängt somit einerseits vom Waren- und Informationsangebot, andererseits von ihren Lebensgewohnheiten und Einstellungen ab.[70]

Renn formuliert es so: „Wer nachhaltig leben will, sollte sich an einen einfachen Grundsatz halten: Umweltbewusst leben, bedeutet bewusst zu konsumieren."[71] Dabei umfasst nachhaltiger (auch bewusster, strategischer oder ethischer) Konsum sowohl den auf der Effizienz- als auch den auf der Suffizienzstrategie beruhenden Verbrauch. Ersteres meint den Kauf und die Nutzung effizient und umweltfreundlich hergestellter Produkte. Dies umfasst auch die längere oder gemeinsame Nutzung, das heißt die Ausschöpfung der Produktlebensdauer oder den Rückgriff auf Pool-Lösungen. Das Zweite meint die Konsummäßigung, den partiellen Verzicht zu Gunsten eines verringerten Güterverbrauchs. Eine gängige Definition nachhaltigen Konsums beschreibt diesen als „Ver- bzw. Gebrauch von Gütern und Dienstleistungen, der die Bedürfnisse der Konsumenten und Konsumentinnen erfüllt, Umwelt und Ressourcen schont und sowohl sozialverträglich als auch ökonomisch tragfähig ist"[72].

Realisierungsbereiche nachhaltigen Konsums finden sich in allen Bedarfsfeldern. Dem Bedarfsfeld **Bauen und Wohnen** wird dabei höchste (ökologische) Relevanz zugestanden, da ein Drittel „aller in Deutschland verursachten Stoff- und Energieströme (…) direkt oder indirekt auf das

---

[70] vgl. Schrader/Hansen (2001), S. 20 f.
[71] Renn (2003), S. 33
[72] Schmied et al. (2009), S. 4

Wohnen zurück"[73] gehen. Daher wird der Einsatz intelligenter Technik vorgeschlagen, um Häuser autark werden zu lassen, konkret also der Bezug von Ökostrom, die Nutzung von Solarenergie für die Wärmeerzeugung, Regenwasser und verstärkte Wärmedämmung zum Energiesparen. Die Bedarfsfelder **Mobilität und Verkehr** wie auch **Freizeit und Tourismus** stehen an zweiter Stelle, was den Anteil am Gesamtenergieverbrauch und an den CO_2-Emissionen betrifft. Hier bieten Fahrzeuge mit alternativen Antrieben, Car-Sharing und der Umstieg auf öffentliche Verkehrsmittel einen Lösungsansatz. Des Weiteren wird zu einem verringerten Flugreisenpensum angehalten. Wem das beispielsweise aus beruflichen Gründen nicht möglich ist, der sollte gemäß dem letzten Schritt des Mottos: „Vermeiden – Verringern – Kompensieren" den bei Flugreisen entstehenden CO_2-Ausstoß finanziell ausgleichen, um mit dem Geld Klimaschutzprojekte zu unterstützen.[74] Auf dem Bedarfsfeld **Ernährung** steht der Konsum von Produkten aus ökologischer Landwirtschaft im Zentrum. Bio-Lebensmittel erfreuen sich seit Jahren zunehmender Beliebtheit. Seit 2004 weist das Bio-Marktsegment jährlich zweistellige Zuwachsraten auf.[75] Die wichtigsten Gründe für ihren Kauf aus Konsumentensicht sind: artgerechte Tierhaltung, möglichst geringe Schadstoffbelastung, Unterstützung regionaler Betriebe, gesunde Ernährung, Beitrag zum Umweltschutz und zum ökologischen Landbau, Sicherheit gentechnikfreie Lebensmittel zu erhalten, Geschmack sowie Sorge über Lebensmittelskandale.[76] Aus ökologischer und sozialer Sicht sind saisonale Produkte aus der Region zu bevorzugen, um Transporte aus fernen Orten zu verringern und die Wertschöpfung in ländlichen Gebieten des eigenen Landes nicht zu gefährden. Bei Produkten wie Kaffee oder exotischen Früchten, die ausschließlich in fremden Ländern wachsen, sind die Nachhaltigkeitskriterien des Fairen Handels einzuhalten.[77] Nachhaltige

---

[73] Hansen/Schrader (2001), S. 29
[74] bspw. bei atmosphair.de
[75] vgl. Nielsen (2009), de.nielsen.com
[76] vgl. Pleon (2008), S. 12
[77] Pleon (2008), S. 29 ff.

Ernährung ist obendrein durch einen niedrigen Fleischkonsum und der Verwendung von Produkten gekennzeichnet, die wenig weiterverarbeitet und umweltverträglich verpackt wurden.[78] Das Bedarfsfeld **Kleidung und Waschen** bietet ebenfalls vielfältige Anhaltspunkte für nachhaltigen Konsum. Die Empfehlung zur quantitativen Einsparung wird verständlich, wenn man bedenkt, dass von den durchschnittlich elf bis 23 Kilogramm Kleidung, die der Deutsche pro Kopf und Jahr verbraucht, ein Großteil ungetragen entsorgt wird. Ob nun aus modischen oder anderen Gründen – eine längere Nutzung, bessere Pflege sowie eine sorgsame Mengenauswahl wären hier von Nöten. Nachhaltigkeitsaspekte spiegeln sich auch im Kauf von ökologischen Textilien wider, im Umwelt- und Gesundheitsschutz durch schadstofffreie Produkte und in sozialen Gesichtspunkten bei den Bedingungen der Herstellung.[79] Für das Waschen werden energieeffiziente Maschinen, niedrigere Waschtemperaturen sowie der Einsatz ökologischer Waschmittel empfohlen. Das Feld des **Green Investment** steht für nachhaltige Geldanlagen und verantwortungsbewusste Finanzdienstleistungen, bei denen Banken in sozial und ökologisch korrekte Projekte investieren. Statt beispielsweise in Rüstungs- oder Zigarettenindustrie wird in Erneuerbare Energien, Bildungsprojekte oder ökologische Landwirtschaft investiert.

Natürlich hegen besonders Marketingstrategen großes Interesse, Kunden genau zu analysieren, um ihnen zielgruppengerechte Angebote zu unterbreiten. Konsumstile hängen eng mit Lebensstilen zusammen und sind demnach ebenso vielfältig wie diese. Demensprechend gibt es unzählige Analysen mit unterschiedlichen Konsumstilbeschreibungen.[80] Aber besonders einer, ursprünglich aus den USA stammenden Konsumentengruppe, wird in Deutschland seit 2006 vermehrt Aufmerksamkeit geschenkt: den **LOHAS**. Diese richten ihre Lebensweise auf Gesundheit und Nachhaltigkeit aus (LOHAS = Lifestyle of Health and Sustainability) und sind klare Vertreter nachhaltigen Konsums. Als Nachfolger der so-

---

[78] vgl. Brunner (2003), S. 262 f.
[79] vgl. Grießhammer et al. (2004), S. 149
[80] vgl. ebd., S. 27 ff.; vgl. Empacher (2003), S. 455 ff.

genannten Alt-Ökos ist ihr Lebensstil von der Hybridität verschiedener Charakteristika gekennzeichnet und wird als „postmoderne Ethik des Sowohl-als-auch" betitelt:[81]

- Technikaffin und intensiver Naturbezug
- Gesundheit und Genuss
- Individuell, aber nicht elitär
- Anspruchsvoll, aber kein Statusluxus
- Modern und wertebewusst
- Selbstbezogen und gemeinsinnorientiert
- Wirklichkeitsbezug und Spiritualität.

Getreu dem Motto „Do good with your money"[82] oder „Kauf dir eine bessere Welt"[83] betonen einige Vertreter ihre Vision vom lustvollen Leben, bei dem sie durch die gezielte Wahl von ökologischen und fairen Produkten deutliche Zeichen an Wirtschaft und Politik senden. Da diese modebewussten und designorientierten LOHAS-Anhänger auf nichts verzichten möchten und von den alternativen Waren dieselbe Qualität erwarten wie von den konventionellen, werden sie auch als „moralische Hedonisten"[84] bezeichnet. Andere LOHAS-Anhänger legen hingegen ihren Schwerpunkt stärker auf die „Umkehr der Lebensweise nach Selbstkenntnis, nach Stressfreiheit und Entschleunigung, Gesundheit, Nachhaltigkeit und Beständigkeit. Dies alles mündet in eine Nachfrage von wirtschaftlich, gesundheitlich und ökonomisch sinnvollen Produkten und Dienstleistungen."[85] Einigkeit herrscht über die Ablehnung der persuasiven Methoden des herkömmlichen Marketings und der Forderung nach „Transparenz und Klarheit in der Ansprache"[86]. LOHAS-Vertreter weisen darauf hin, dass sie sich gut mit Corporate Social Responsibility auskennen, leere Marketingversprechen ignorieren und kritisch gegen-

---

[81] Kreeb et al. (2008), S. 310
[82] karmakonsum.de
[83] utopia.de
[84] Wenzel et al. (2008), S. 19
[85] Parwan (2009), lohas.de
[86] Wenzel et al. (2008), S. 16

über Unternehmen eingestellt sind, die „ihre Verantwortung gegenüber Mensch und Natur nicht ernst nehmen" und deren Vorgehen auf Kosten von Arbeitsplätzen und natürlichen Ressourcen geht – „diese Unternehmen boykottieren wir"[87].

Mehrere Studien zählen rund 30 Prozent der Deutschen zu dieser Konsumentengruppe, während einer Umfrage von IPSOS (im Auftrag der Allianz AG) sich sogar 44 Prozent der Deutschen mit dem LOHAS-Lebensstil identifizieren.[88] Differenzen bestehen auch bei weiteren Beschreibungen dieser Konsumentengruppe. Einerseits werden sie nicht als klassische Zielgruppe gesehen: „LOHAS sind eine gesellschaftliche Bewegung. Man wird ihnen nicht gerecht, wenn man sie sich als Zielgruppe hinzumodellieren versucht."[89] Andererseits werden sie von Marketingagenturen genau dazu gemacht.[90] So befasst sich beispielsweise der Spiegel-Verlag mit dem „Werbeträger LOHAS"[91] und beschreibt diesen als statusbewusste und markenaffine Konsumelite. Nach seiner Ansicht sind es Besserverdienende mit hohem Bildungsstand, die bereit sind für Produkte, die nachhaltige Kriterien erfüllen, mehr Geld auszugeben. Andere Untersuchungsergebnisse kommen hingegen zu dem Schluss, dass es sich um ein „altersindifferentes, schichtenübergreifendes und einkommensunabhängiges Phänomen"[92] handelt. Das beachtliche Potential der LOHAS wird aber überall betont. Anstelle eines kurzzeitigen Hypes wird oft von einer „langfristige[n] gesellschaftliche[n] Veränderungsbewegung"[93] gesprochen. Abschließend lässt sich festhalten, dass sich LOHAS zwar dem Nachhaltigkeitsgedanken verpflichtet fühlen, aufgrund ihrer hohen Ansprüche aber eher den bewussten, strategischen Konsum statt den Konsumverzicht bevorzugen.

---

[87] Harrach (2008), karmakonsum.de
[88] Kluge (2009), allianzdeutschland.de
[89] Wenzel et al. (2008), S. 20
[90] vgl. bspw. Ernst &Young AG (2007)
[91] MediaSPIEGEL (2009), media.spiegel.de
[92] Wenzel et al. (2008), S. 15
[93] Müller (2008), diepresse.com

Der suffizienten Lebensweise hingegen haben sich die **LOVOS** (Lifestyle of Voluntary Simplicity), die Anhänger des Lebensstils der freiwilligen Einfachheit verschrieben. Ihnen liegt Bescheidenheit, weitestgehende Loslösung von Materialismus, Überfluss- und Konsumgesellschaft, Rückkehr zur Einfachheit, Sinnhaftigkeit und Langsamkeit am Herzen.[94] Bisweilen werden sie auch als die „besseren LOHAS" bezeichnet. Dies lässt sich damit begründen, dass beispielsweise die Produktion von Bio-Fleisch nicht weniger CO_2 verbraucht als die konventionelle Produktion. Oder das Fahren eines Hybridautos immer noch umweltschädigender ist als das Fahrrad oder die öffentlichen Verkehrsmittel zu nutzen. Zusammengefasst: Ein aufwendiger Lebensstil wohlhabender LOHAS-Konsumenten ist und bleibt unter dem Strich unökologisch.[95] Ebenso besteht die Gefahr, dass „die Reichen in dieser ‚Konsumentendemokratie' mehr mitzubestimmen haben als die weniger Wohlhabenden" und es damit letzen Endes überspitzt formuliert zur „Ökonomisierung und Privatisierung von Demokratie und Gesellschaft"[96] kommt.

Alles in allem tragen Verbraucher eine nicht zu unterschätzende Verantwortung bei der Mitgestaltung einer zukunftsfähigen Welt. Bemerkenswerterweise werden sie sich zusehends ihrer Macht bewusst, die sie als Konsumenten besitzen.[97] Umso wichtiger ist es, dass sie über umfangreiches Wissen als Grundlage ihrer Entscheidungsfähigkeit verfügen.

2.2.4 Massenmedien

Den Massenmedien[98] kommt die aktive Beteiligung an einer nachhaltigen Entwicklung in zweifacher Weise zu. Einerseits sind sie in ihrer Rolle als

---

[94] vgl. Gisiger (2007), wortgefecht.net; vgl. Zirkel (2008), waldblog.de
[95] vgl. Romberg/Tamge (2008), S. 160 ff.
[96] Lobo (2009), jetzt.sueddeutsche.de
[97] vgl. Wilcken (2009), modemconclusa.de
[98] Zu den Massenmedien zählt das Internet hierbei in dem Maß, in dem es als Hybridmedium (von Massen- und Individualkommunikation) eben jene massenmedialen Eigenschaften besitzt.

Unternehmen angehalten, ihre Produktionsprozesse auf Nachhaltigkeit abzustimmen. Das schließt „Verantwortung für die eigenen Mitarbeiter sowie Mitarbeiter von Zulieferern, (…) Schutz von Menschenrechten, ethisches Geschäftsverhalten und die Umweltauswirkungen der eigenen Geschäftstätigkeit, der Produkte und ihrer Herstellungsprozesse"[99] ein. Andererseits sollten sie Nachhaltigkeit zum Thema ihrer Berichterstattung machen und ganz im Sinne einer nachhaltigen Bildung ihre gesellschaftliche Verantwortung wahrnehmen. Diesbezüglich werden ihnen drei Funktionen zugeschrieben: Die [1] Informationsfunktion verlangt von den Massenmedien die vollständige und sachliche Vermittlung von Informationen und Zusammenhängen, um die Bürger zu befähigen, das politische, wirtschaftliche und soziale Geschehen zu verstehen und ihre eigenen Interessenlagen zu erkennen. Nur so können sie sich aktiv beteiligen. Die [2] Meinungsbildungsfunktion umfasst das Aufzeigen, Kommentieren und Diskutieren verschiedener Ansichten zu Themen von öffentlichem Interesse. Die [3] Kritik- und Kontrollfunktion dient dem Aufdecken von Missständen und dem Aufbau eines öffentlichen Drucks, um Willkür und eine Gefährdung demokratischer Strukturen zu vermeiden.[100]

Darüber hinaus wird – seitens der Medienforschung – auch immer wieder die Agenda-Setting-Funktion der Medien diskutiert. Grundannahme dabei ist, dass die mediale „Platzierung, Größe oder Wiederholung die Wichtigkeit bestimmter Issues für das Publikum"[101] vorgibt und damit beeinflusst, welche Themen für die Öffentlichkeit Bedeutung haben. Dabei geht es weniger darum, *was* die Menschen denken, als viel mehr darum, *worüber* sie nachdenken. Für Rhomberg ist die öffentliche Meinung dabei das „Ergebnis komplexer Kommunikationsprozesse (…) entspricht aber nicht der Summe aller öffentlich geäußerten Meinungen, sondern stellt sich (…) dem Publikum als herrschende Meinung dar"[102].

---

[99] Bönning/Mayer (2009), S. 69
[100] vgl. Chill/Meyn (2000), bpb.de
[101] Rhomberg (2008), S. 110
[102] Rhomberg (2008), S. 125

Sehr starke Prägung erfährt diese „durch die veröffentlichte Meinung der Medien, da diskussionsrelevante Positionierungen und Äußerungen hauptsächlich in den Medien stattfinden"[103]. Damit diese in ihrer Rolle als Nachhaltigkeitsakteur Transparenz und Öffentlichkeit herstellen können, bedarf es laut Geiss et al. „kritischen Journalismus, um eine effiziente Kontrolle über staatliche und politische Akteure ausüben zu können"[104]. Medien sollen demnach eine Plattform für gesellschaftliche Diskussionen bieten, auf der das Wissen aller Interessengruppen zusammengeführt und Lösungskonzepte entwickelt werden können.[105]

Umso deutlicher wird ihre Aufgabe als Mittler von Informationen – unter Betrachtung der Komplexität des Nachhaltigkeitskonzepts – besonders als vermittelnde Instanz zwischen Experten und Laien beziehungsweise der Bevölkerung. Die absolute Formulierung Luhmanns „was wir über unsere Gesellschaft, ja über die Welt, in der wir leben, wissen, wissen wir durch die Massenmedien"[106] unterstreicht ihre machtvolle Position. Dieser Aussage zufolge sind es die Medien, die mittels ihrer bereitgestellten Informationen das Alltagswissen der Rezipienten (mit-)produzieren. Inzwischen herrscht gemeinhin Konsens darüber, dass ein sehr gewichtiger Teil unseres Wissens medienvermittelt ist.[107] Sie bestimmen maßgeblich mit, in welchem Umfang sich Menschen über Nachhaltigkeit Gedanken machen, überhaupt mit ihr auseinandersetzen. Infolgedessen entscheiden sie mit, wie viel Kenntnis und Wissen über Nachhaltigkeit kursiert, welche Ansicht über sie generiert wird und was davon zur öffentlichen Meinung wird. Auch Einfluss auf Verhaltens- und Einstellungsveränderungen im Rahmen der Sozialisation wird den Massenmedien in gewissem Umfang zugeschrieben.[108]

Für Rogall bleibt es allerdings fraglich, ob Medien tatsächlich als eigenständige Akteure fungieren oder sich vielmehr von anderen Akteurs-

---

[103] ebd., S. 125
[104] Geiss et al. (2003), S. 29
[105] vgl. ebd.
[106] Luhmann (1996), S. 9
[107] vgl. Wippersberg (2007), S. 226
[108] vgl. Hurrelmann (2002), S. 254 ff.

gruppen benutzen lassen, deren Interessen durchzusetzen. Dabei spielt der eigene Umsatz eine größere Rolle als die wahrheitsgemäße Berichterstattung. So verlangt die Befriedigung des von den Rezipienten bestimmten Mehrheitsgeschmacks, die Wiedergabe von aufsehenerregenden und aktuellen Problemen des öffentlichen Interesses. Dies führt die Medien in die zeitgleiche Position der Macher und der Getriebenen.[109]

Gemäß dem Kredo „Prozesse und Aktionen, über die die Medien nicht berichten, finden für die Öffentlichkeit nicht statt"[110], sind unter anderem politische Akteursgruppen bemüht, die mediale Informationsverbreitung zu beeinflussen. Nicht selten wird mittels inszenierter Kampagnen eine manipulative Wirkung auf die Öffentlichkeit gewollt und erreicht. Beispiele dafür sind die Aktivitäten der Tabakindustrie, die über Jahre hinweg mit Hilfe ihrer Desinformationspolitik die Gefahren des (Passiv-)Rauchens verharmloste. Oder die von der Ölindustrie initiierten Anstrengungen, den Einfluss des Menschen auf die Klimaveränderung zu leugnen, indem Studienergebnisse und Aussagen von Klimawandelskeptikern durch finanzielle Zuwendungen in die gewünschte Richtung gelenkt werden.[111]

Massenmedien besitzen folglich immensen Einfluss und Verantwortung. Sie können steuern, ob gesellschaftlich relevante Themen wie Nachhaltigkeit wahrheitsgemäß, verständlich, alltagsnah und motivierend popularisiert werden. Sie entscheiden mit, ob auch bei wenig Interessierten ein Bewusstsein dafür geschaffen werden kann, das eigene Verhalten zu überdenken. In Abhängigkeit ihrer journalistischen Qualität und der Absicht ihrer Beiträge, können sich auf die Meinung von Millionen Menschen auswirken und dadurch viel bewegen.

---

[109] vgl. Rogall (2003), S. 206 f.
[110] ebd., S. 208
[111] vgl. Müller (2007a), lobbycontrol.de; vgl. Müller (2007b), lobbycontrol.de

2.2.5 Weitere Akteure

Wissenschaftlichen Institutionen kommt die Aufgabe zu, verschiedene Arten von Wissen über Nachhaltigkeit bereitzustellen, indem sie konzeptionelle Arbeit am Nachhaltigkeitsbegriff leisten (Orientierungswissen) und Aussagen über langfristige Auswirkungen nachhaltigen Handelns treffen (Zukunftswissen). Ebenso wichtig ist die Herausstellung der Verursachungsketten und Abhängigkeiten (Systemwissen) und die Ausarbeitung von konkreten Umsetzungsstrategien für Politik und Gesellschaft (Handlungswissen). Im Einklang mit dieser Arbeit steht auch die Erzeugung einer angemessenen Problemwahrnehmung durch die Öffentlichkeit, das heißt einerseits eine Sensibilisierung zu erreichen und andererseits Überdramatisierungen und unbegründete Ängste zu relativieren.[112] Aus diesem Grund ist es ihr wichtigstes Ziel, zum Verständnis und zur Praxisfähigkeit des Leitbilds beizutragen sowie Anregungen und Motivation zur Umsetzung zu vermitteln. Neben der Forschung ist „Bildung eine unerlässliche Voraussetzung für die Förderung der nachhaltigen Entwicklung und die bessere Befähigung der Menschen, sich mit Umwelt- und Entwicklungsfragen auseinanderzusetzen"[113]. In der Verantwortung von **Bildungseinrichtungen** liegt es demnach, nachhaltigkeitsbezogenes Wissen, Werte, Einstellungen, Verhaltensweisen zu vermitteln sowie bei der Ausprägung eines ökologischen und ethischen Bewusstseins behilflich zu sein.[114] Das Wirken der **NGOs** (Nicht-Regierungsorganisationen) wird aufgrund ihrer unabhängigen und als glaubwürdig eingeschätzten Arbeitsweise als besonders wertvoll für die nachhaltige Entwicklung erachtet. Zu NGOs gehören Umweltverbände, Bürgerinitiativen, Aktionsbündnisse und Netzwerke. Diese tragen über Informations- und Bildungsveranstaltungen, Unterschriftenaktionen, Publikationen oder öffentlichkeitswirksame (Protest-)Aktionen zur Steigerung des Umweltbewusstseins von Konsumenten und zu politischen

---

[112] vgl. Grunwald (2004), S. 315 ff.
[113] Agenda 21 (1992), S. 329
[114] vgl. ebd., S. 329

Veränderungen bei, indem sie einerseits politikberatend und andererseits über die Erzeugung öffentlichen Drucks Einfluss nehmen.[115] Auch **Verbraucherverbände** treten für die Interessen von Konsumenten ein, stehen für Aufklärung und Beratung und sind ebenso in der Lage, Druck auf Hersteller auszuüben, Produkte zu verbessern oder vom Markt zu nehmen.[116] Zudem werden **Kommunen** als wesentlicher Partner bei der Verwirklichung der Agenda-Ziele gesehen. Da viele Probleme wie auch Lösungsmöglichkeiten auf lokaler Ebene angesiedelt sind, sind die Kommunen dazu angehalten, eigene Handlungsprogramme zur Umsetzung nachhaltiger Entwicklung aufzustellen. Darüber hinaus sollen sie als bürgernahe politische Instanz zur Aufklärung und Mobilisierung der Öffentlichkeit beitragen.[117] Mittlerweile wurde in so gut wie allen (größeren) deutschen Städten eine lokale Agenda 21 beschlossen. Die am häufigsten diskutierten Themen sind auch hier dieselben wie die in der Politik (beispielsweise Energie- und Klimaschutz, Verkehr, Natur und Gesundheit, Bauen und Wohnen, Arbeit und Beschäftigung sowie Konsumverhalten).[118] Gleichfalls werden **Gewerkschaften** als wichtige Handlungsträger der Nachhaltigkeitsentwicklung wahrgenommen. Die Dachorganisation Deutscher Gewerkschaftsbund (DGB) beschreibt ihre Arbeit durch die „Vision einer lebenswerten Zukunft, in der Freiheit, soziale Gerechtigkeit, Wohlstand und ökologische Verantwortung gewährleistet sind"[119], angeleitet. Wie auch andere Gewerkschaften erstrebt sie über Öffentlichkeitsarbeit, Streiks und Dialoge mit Politikern die Durchsetzung der Interessen ihrer Arbeitnehmer. Als Verantwortungsträger für nachhaltige Entwicklung sieht sich seit vielen Jahren auch die **Kirche**, die in ihrer Arbeit ohnehin schon zur Vermittlung von Gerechtigkeit, Frieden und der Bewahrung der Schöpfung beizutragen bemüht ist. Im Jahr 1997 sprachen sich katholische und evangelische Kirche im Rahmen der ge-

---

[115] vgl. Agenda 21 (1992), S. 290; vgl. Rogall (2003), S. 243 ff.
[116] vgl. Rogall (2003), S. 281 f.
[117] vgl. Agenda 21 (1992), S. 293
[118] vgl. Rogall (2003), S. 199
[119] DGB (1996), S. 2

meinsamen Schrift „Für eine Zukunft in Solidarität und Gerechtigkeit" für Nachhaltigkeit als gesamtgesellschaftliches, ethisches Leitbild aus.[120] Neben weiteren Veröffentlichungen und Stellungnahmen zum Thema, wurde auch ein Kooperationsprojekt mit dem Titel „Nachhaltig predigen" ins Leben gerufen, bei dem ökologische und soziale Aspekte aus der Bibel als Anregungen für Predigten erarbeitet wurden.[121]

Abschließend kann, unter Betonung der Ausgangsprämisse festgehalten werden, dass alle Menschen – in ihren verschiedenen gesellschaftlichen Rollen – wichtig sind, um gemeinsam das Ziel Nachhaltigkeit anzuvisieren. Das Gelingen dieser Bemühungen hängt wesentlich vom Aktivitätsgrad aller Akteure ab, der wiederum von der „öffentlichen Wahrnehmung der Relevanz und Dringlichkeit des Nachhaltigkeitsthemas geprägt"[122] wird. Wie eben jenes medial kommuniziert wird, soll Inhalt der folgenden Kapitel sein.

---

[120] vgl. LZU (2007), umdenken.de
[121] vgl. Ostermann (2006), katholisch.de
[122] Grunwald (2004), S. 315

3 Kommunikation von Nachhaltigkeit

3.1 Aufgaben und Ziele der Nachhaltigkeitskommunikation

Ausgangspunkt der Auseinandersetzung mit der Kommunikation von Nachhaltigkeit ist die Tatsache, dass es vor der Hochkonjunktur des Themas bereits den „Informationsaustausch über umweltbezogene Themen"[123] gab: die sogenannte Umweltkommunikation. Der relativ junge Terminus der Nachhaltigkeitskommunikation hat diesen Begriff allmählich abgelöst und schließt ihn definitionsbezogen mit ein. Hauptursache für den relativ fließenden Übergang von Umwelt- zu Nachhaltigkeitskommunikation ist die Einsicht, dass die Bestrebungen, Umweltprobleme zu lösen, nicht ohne den Einbezug ökonomischer und soziokultureller Aspekte möglich sind.[124]

Da es um die Vermittlung eines komplexen, mehrdimensionalen Leitbilds geht, ist Nachhaltigkeitskommunikation mehr als nur Wissens- und Informationsvermittlung. Sie wird definiert als „Austausch von Informationen, Meinungen, Gründen, Wertvorstellungen und Zielen mit Blick auf ein per definitionem interpretationsoffenes und konkretisierungsbedürftiges Leitbild"[125], deren Aufgabe es ist, das Konzept zu verbreiten und handhabbar zu gestalten. Grundvoraussetzung für diesen Austausch über Inhalte bleibt jedoch das auf Wissen basierende Verständnis. Nur so können Menschen befähigt werden, die Relevanz des Leitbilds für gegenwärtige wie zukünftige Generationen zu begreifen und sich am Gelingen einer nachhaltigen Entwicklung zu beteiligen.

---

[123] Kreusel/Grobe (2003), S. 1
[124] vgl. Michelsen (2007), S. 25
[125] Lass/Reusswig (2002) zitiert in Schulz (2009), S. 151

Studien zur Bekanntheit des Konzepts zeigen den Bedarf nach Aufklärung. Einer Untersuchung aus dem Jahr 2007 zufolge, hatten 36 Prozent der Deutschen vom Begriff *nachhaltige Entwicklung* gehört, wobei der Anteil bei höher Gebildeten bis auf 63 Prozent anstieg. Es überwog allerdings eine sehr diffuse Vorstellung davon, was genau dieser Ausdruck bedeutet. 16 Prozent der Befragten konnten ihn nicht erklären, 24 Prozent ordneten ihn dem *Umweltschutz (Recycling)* zu, 31 Prozent verstanden eine *anhaltende Wirkung und Zukunftsgerichtetheit von Handlungen* darunter. Sechs Prozent erwähnten die *Verantwortung gegenüber zukünftigen Generationen*.[126] Auch im Jahr 2009 sehen die Resultate ähnlich unbefriedigend aus. Eine Umfrage unter 1000 Kunden eines Baumarktes ergab: 13 Prozent wussten nichts mit dem Begriff anzufangen, 35 Prozent verbanden ihn mit der Bedeutung *Haltbarkeit/Beständigkeit*, 25 Prozent mit *Umweltverträglichkeit*, nur vier Prozent mit *Energieeffizienz*, drei Prozent mit *sozialen Aspekten der Herstellungsbedingungen*.[127] Dies unterstreicht, dass das Nachhaltigkeitskonzept ohne Vorwissen nicht erfassbar ist und verdeutlicht die Notwendigkeit der aufklärerischen Kommunikation umso mehr. Neben der Aufschlüsselung der Komplexität des Konzepts und der Weitergabe von Wissen, soll sie die Menschen ganz praxisnah dazu befähigen, sich in der Fülle von täglich auf sie einströmenden Informationen zurechtzufinden. Paradebeispiel ist hier die Überforderung der Verbraucher durch die Flut verschiedenster Umweltzeichen und Bio-Siegel. Die Agenda 21 fordert daher von guter Nachhaltigkeitskommunikation auch die Unterstützung der Konsumenten „bei umweltgerechten Kaufentscheidungen", indem „klare Indikatoren zur Information (...) umgesetzt werden"[128]. Ein anderes Beispiel ist die Notwendigkeit der Hilfestellung für Verbraucher, wenn es darum geht, ernsthafte Nachhaltigkeitsbestrebungen von Unternehmen und Marken von Greenwashing-Strategien zu unterscheiden. Im Zuge des gegenwärtig zu beobachtenden

---

[126] vgl. TNS (2007), tns-emnid.com
[127] vgl. Ziegler (2009), S. 16
[128] Agenda 21 (1992), S.21

Wandels ist demnach trotz der Euphorie die Fähigkeit zum kritischen Hinterfragen unabdingbar.

Die Vermittlung von Wissen soll im nächsten Schritt zum nachhaltigen Handeln, also zur Veränderung von inadäquaten Einstellungen und Verhalten bewegen. Die sozialwissenschaftliche Umweltforschung betont des Öfteren die klaffende Lücke zwischen Umweltbewusstsein und nachhaltigem Verhalten (sogenannte Bewusstseins-Verhaltensdiskrepanz). Die Gründe dafür liegen neben dem empfundenen Gefühl der Einflusslosigkeit, der fehlenden Einschätzungskompetenz von Ursache-Wirkungs-Zusammenhängen oder unzureichenden politischen Rahmenbedingungen auch in der Form der Informationsvermittlung. Einerseits sind globale Umweltprobleme wie die Ozonschichtreduktion nicht sinnlich erfahrbar und bleiben somit eine abstrakte Information. Andererseits wurde vor allem in den vergangenen Jahren die Überflutung mit (vielen negativen) Berichten rund um das Thema Umwelt beklagt. Dies brachte das Gefühl der Überforderung und letztendlich der Informationsunsicherheit mit sich.[129] Darüber hinaus lässt die hohe Komplexität der Mensch-Umwelt-Wechselbeziehung oft nur Experten den Überblick behalten. „In dieser Situation fehlen im Alltag relevante Vorbilder im Hinblick auf eine umweltverträgliche Lebensführung. Denn globale Einschätzungen oder einfache, nur normative Beurteilungen von Verhaltensweisen als ‚gut' oder ‚schlecht' können nicht ausreichend sein, um umweltschonendere" und somit nachhaltige „Verhaltensweisen zu verbreiten"[130]. Dadurch, dass Nachhaltigkeit nun noch weitere Dimensionen einschließt und daher noch stärker multidisziplinär verankert ist, ist auch ihre Kommunikation bislang vorwiegend durch Fachkreise geführt worden. Für die mehrheitsfähige Vermittlung und Anregung zum Handeln ist Nachhaltigkeitskommunikation folglich gefordert, anschauliche und konkrete Beispiele herauszugreifen. Sie muss ein Problembewusstsein schaffen, indem sie Konsequenzen nicht nachhaltigen Verhaltens aufzeigt

---

[129] vgl. Wehrspaun/Schoembs (2002), S. 146 ff.
[130] ebd., S. 149

und konkrete Handlungsalternativen anbietet.[131] Sie muss das Leitbild greifbar gestalten, sämtliche Akteure einbeziehen, zu Dialogen anregen, Identifikation durch Vorbilder ermöglichen und Motivation durch positive Botschaften erreichen.

Für die gesamte Nachhaltigkeitskommunikation pointieren Lass und Reusswig vier Ziele, deren gemeinsame Implementierung wünschenswert ist. Neben der eben erwähnten essentiellen Notwendigkeit der [1] Popularisierung und [2] Bildung, heben sie die Kommunikationsziele [3] Innovation und Allianz sowie [4] Forschung hervor. Dabei meint die Innovations- und Allianzstrategie „das Konzept bei Akteuren mit Gestaltungskompetenz und Bedingungsverantwortung mit dem Ziel zu verankern, gesellschaftliche und technische Innovationen anzustoßen"[132] und so dem Innovationsaspekt von Nachhaltigkeit gerecht zu werden. Die Fokussierung auf Forschung bezweckt „die scientific community (...) breiter und dauerhaft für das Thema zu interessieren, zu seiner inhaltlichen Weiterentwicklung und zur Politikberatung zu nutzen"[133].

Nachhaltigkeitskommunikation ist letztendlich ein gesamtgesellschaftlicher Prozess, bei dem es um die Aushandlung und Verbreitung ökologisch, ökonomisch und soziokulturell vertretbarer Werte geht. Gleichzeitig sollen nicht nur gegenwärtige Probleme erkannt und gelöst, sondern auch zukünftige Perspektiven einbezogen werden. Für die vorliegende Arbeit ist dabei von besonderem Interesse, wie die (massen-) mediale Vermittlung stattfindet. Gerade unter der Voraussetzung der in Kapitel 2.2.4 angedeuteten Verantwortung und Erwartungen an sie, ist es bedeutsam, wie intensiv und konstruktiv sich die Medien dem Thema Nachhaltigkeit widmen.

---

[131] vgl. ARE/DEZA (2007), S. 4
[132] Lass/Reusswig (2001), S. 169
[133] ebd., S. 170 f.

3.2 Nachhaltigkeitskommunikation in den Medien

Obwohl das Nachhaltigkeitsleitbild bereits vor über zwanzig Jahren geprägt wurde, findet es erst seit kurzem den Weg in die massenmediale Debatte. Viele Jahre war es fast ausschließlich Schwerpunkt verschiedener Wissenschaften und fachbezogener Organisationen bis es nun endlich die Chance erhält, in den Alltag des Mainstreams einzusteigen.

Da es im kommenden Teil der Arbeit vorzugsweise um die Kommunikation von Nachhaltigkeit in den ausgewählten Medien Fernsehen und Web 2.0 gehen wird, sei nur am Rande erwähnt, dass das Thema mittlerweile in sämtlichen Massenmedien als eigenständiges Topic (in der Nachfolge bisheriger umweltpolitischer Themen) Einzug gefunden hat. Allein auf dem Sektor der Zeitschriften ist ein erstaunlicher Zuwachs an grünen Ausgaben und Beiträgen zu verzeichnen. Nicht nur in Fachzeitschriften[134], die teilweise seit vielen Jahren etabliert sind und sich seit jeher mit ökologischen, ökonomischen, politischen, sozialen und ethischen Aspekten beschäftigen, steht Nachhaltigkeit hoch im Kurs. Auch fachfremde Magazine und Publikumszeitschriften greifen das Leitbild auf und unterstützen mit eigenen Initiativen dessen Ideale. Exemplarisch sei die Anzeigenaktion „green benefit" der Zeitschrift EMOTION erwähnt, die jungen, nachhaltigen Unternehmen Rabatte auf Anzeigenpreise gewährt. Oder ihre Kooperation mit der Umweltstiftung Foundation Yves Rocher, die jedes verkaufte Heft der September-Ausgabe 2009 mit der Pflanzung eines Baums in einem Entwicklungsland verband.[135] Das Computermagazin CHIP gab im Herbst 2008 eine limitierte Sonderauflage heraus – „Die grüne Ausgabe" mit dem Motto „Geld sparen, Umwelt schützen", für die sogar das sonst rote Logo grün eingefärbt wurde. Und auch in normalen Ausgaben des Magazins häufen sich die grünen Themen.[136] Die Frauenillustrierte FÜR SIE widmete sich im Oktober 2009 dem Weniger-ist-Mehr-Trend und seinen positiven Auswirkungen auf

---

[134] vgl. bspw. Auflistung durch Moutchnik (2009), S. 15 f.
[135] vgl. G+J Media Sales (2009), gujmedia.de
[136] vgl. CHIP (2009), chip.de

Nachhaltigkeit und Öko-Gewissen. Auch wenn in diesem Exemplar der Artikel in der Fülle konsumanregender Anzeigen fast unterzugehen droht, ist das Aufgreifen womöglich ein symbolischer Schritt von vielen. Letztes Beispiel ist die PAGE, Zeitschrift für Mediendesign, die bereits mehrfach die Zielgruppe der LOHAS, zuletzt in ihrer Oktoberausgabe 2009 im Rahmen von Minimalismus und Nachhaltigkeit, fokussierte.

Insgesamt fällt ein deutlicher Trend zu positiv motivierenden Herangehensweisen an nachhaltigkeitsrelevante Themen ins Auge. Doch warum wird erst jetzt und relativ langsam mit der Auseinandersetzung begonnen? Zur Begründung lassen sich einerseits die Mechanismen der Medienproduktion und andererseits die Eigenheiten des Nachhaltigkeitsleitbilds heranführen. Damit die Untersuchung gegenwärtiger medialer Nachhaltigkeitskommunikation verständlicher wird, soll im Folgenden erklärt werden, welche Ausgangsbedingungen für die Leitbildvermittlung herrschen.

3.2.1 Selektionskriterien und der schwere Stand der Nachhaltigkeit in den Medien

Fakt ist, dass Massenmedien und die Produktion ihrer Inhalte nach eigenen Regeln funktionieren. Unterschieden werden beispielsweise technische, praktische, ethische Regeln und Codes sowie Präsentations- und Selektionsregeln.[137] Zur Untersuchung der Kriterien, die die Auswahl und Platzierung von Inhalten festlegen, existieren verschiedenartige Forschungszweige wie die Gatekeeper-, Nachrichten-, Framing- und News-Bias-Forschung. Diese nehmen einerseits die Medienmacher (Journalisten, Redaktionen oder Medienorganisationen) und andererseits die Ereignismerkmale (Nachrichtenfaktoren) als Entscheidungskriterium ins Visier.[138] Die am häufigsten herangezogenen Determinanten für die Auswahl von Nachrichten sind folgende Nachrichtenfaktoren:[139]

---

[137] vgl. Bentele (2008), S. 308
[138] vgl. Schulz (2008), S. 95; vgl. Busch (2005), S. 33 ff.
[139] Ruhrmann/Göbbel (2007), S. 25; vgl. Ruß-Mohl (2003), S. 128 ff.

- **Zeit**: Aktualität, Dauer und Kontinuität eines Geschehens
- **Nähe**: Räumliche, politische, kulturelle Nähe, Betroffenheit, Relevanz für den Rezipienten
- **Status**: Status der Ereignisnation, persönlicher Einfluss, Prominenz
- **Dynamik**: Überraschung, Struktur im Sinne von geringer Komplexität eines Ereignisses, Intensität als Überwinden einer Aufmerksamkeitsschwelle
- **Valenz**: Good News und Bad News, Negativismus (Konflikte, Kriege, Katastrophen, Kriminalität)
- **Identifikation**: Human Touch, Personalisierung, Ethnozentrismus, Gefühlswert
- **Umsetzbarkeit in Bilder.**

Natürlich ist meist nicht nur ein einziger Nachrichtenfaktor ausschlaggebendes Merkmal, sondern mehrere im Verbund. Als übergeordnete Selektionsfaktoren stellen Schwiesau und Ohler den Neuigkeits- und Informationswert einer Nachricht heraus (Nachrichtenwert).[140] Nicht zu vergessen sind auch kommerzielle Einflüsse auf die Selektion wie beispielsweise die Einschaltquoten, die für die Finanzierung durch Werbepartner relevant sind. Um einen hohen Absatz zu erreichen, ist die Ausrichtung an aktuellen Themen und Trends der Gesellschaft prioritär.

Bei der Gegenüberstellung von Medienproduktionsbedingungen und Eigenschaften des Nachhaltigkeitskonzepts fällt ein Interessenkonflikt zwischen beiden ins Auge. Medien wollen über etwas Neues, Aufregendes berichten, wollen über Personalisierung und Dramatisierung die Aufmerksamkeit der Rezipienten gewinnen. Dem Leitbild wurde allerdings mehrfach – entsprechend seinen in Kapitel 1.3 aufgezeigten Begriffsschwierigkeiten und in Bezug auf seine mediale Vermittlung – Langweiligkeit und Drögheit bescheinigt. Brandt präzisiert:

> „Das Konzept ist also nicht gerade ein ‚Renner'. Es ist (...) nicht mit besonderen Emotionen verknüpft. Es polarisiert nicht, es beflügelt aber auch keine Phantasien. Es ist ein sehr allgemein gehaltenes, abstraktes Konzept, gegen das nicht viel zu sagen ist, wenn man sich die Alltagsassoziationen von ‚nachhaltig' oder ‚dauerhaft' vor Augen hält: wer ist schon für eine ‚nicht-nachhaltige' Entwicklung? Andererseits: was kann man sich unter ‚nachhaltiger Entwicklung' schon genau vorstellen?"[141]

---

[140] vgl. Ruhrmann/Göbbel (2007), S. 23
[141] Brandt (1999), sowi-online.de

Gerade seine Abstraktheit, die langwierige wissenschaftliche Debatte um eine genauere Begriffsbestimmung und die Tatsache, dass die spezifische Bedeutung des Konzepts im gesellschaftlichen Diskurs auszuhandeln bleibt, erschweren auch die mediale Auseinandersetzung. Seine inhaltliche Komplexität verhält sich gegensätzlich zum Bestreben der Medien, leicht zu vermittelnde und einfach verständliche, überschaubare Themen anzubieten. Auch die langfristige Ausrichtung von Verantwortung gegenüber zukünftigen Generationen führte dazu, dass ihm lange Zeit jeglicher journalistischer Neuigkeitswert abgesprochen wurde.[142] Wie erwähnt, erfährt Nachhaltigkeit erst seit geraumer Zeit wachsende mediale Beachtung. Daran beteiligt ist sowohl die steigende Nachfrage der Verbraucher/Rezipienten als auch der Wandel der eingesetzten Kommunikationsstrategien.

3.2.2 Vom Alarmismus zum Ecotainment

Im Zuge der Entwicklung von Umwelt- zu Nachhaltigkeitskommunikation ist eine Veränderung der angewandten medialen Kommunikationsweisen und -methoden zu beobachten. Die bisherige Umweltkommunikation funktionierte nach dem Prinzip: „Problem – Lösung – nötiger Aufwand."[143] Umweltbelange wie Müllberge, Robbensterben oder Klimaveränderungen wurden demnach als Problem definiert, dessen auflösendes und somit umweltgerechtes Verhalten häufig durch die Angst motiviert war, es könnte zu einem Unglück kommen. Wesentlich beigetragen an diesem Eindruck haben die Medien, indem sie sich bei der Berichterstattung der Panik-Mache, dem Voraussagen und Ausschmücken von Katastrophen bedienten. Diese Strategie wird Angstkommunikation, Fear-and-Threat-Approach[144] beziehungsweise Alarmismus genannt – verstanden als „soziokulturelles Phänomen, bei dem Zukunftsängste

---

[142] vgl. Brandt (1999), sowi-online.de
[143] Lichtl (2007), S. 77
[144] ebd.

epidemieartig in weiten Bevölkerungskreisen grassieren"[145]. Ausgelöst werden diese Ängste durch die Interpretation realer Gefahren, die „symbolisch überhöht und auf ein vereinfachtes, eben katastrophisches Modell reduziert"[146] werden. Ablauf einer alarmistischen Kampagne ist [1] die Inkubation, bei der die Medien eine Gefahr aufgreifen und mit einem furchterregenden Namen wie Atomtod, Waldsterben oder Klimakatastrophe versehen. In der [2] Fieberphase explodieren die Veröffentlichungen und Sendungen zum Thema, kommen immer mehr „Experten" zu Wort bis irgendwann alle davon sprechen. In der [3] Ritualphase verfestigt sich die Hysterie und es setzen erste Veränderungen im Handeln (beispielsweise Nichtkauf bestimmter Produkte) ein. Wenn das Thema seinen Reiz nach einiger Zeit verloren hat, beginnt die [4] Abklingphase. Nun werden Ergebnisse einer sachlichen Auseinandersetzung veröffentlicht. Erarbeitete Lösungsvorschläge werden allerdings von der Masse kaum noch wahr genommen, das Thema von dieser vergessen.[147]

Problem des Alarmismus ist es, dass die ohnehin begrenzte Aufnahmekapazität der Rezipienten stark beansprucht wird. Immer neue Katastrophen wechseln sich rasch ab und erschweren eine dauerhafte Meinungsbildung. Auch die Politik gerät in Zugzwang: Von ihr werden schnelle Reaktionen erwartet, die sich häufig in überstürzten Maßnahmen ohne Beachtung langfristiger Konsequenzen zeigen. Darüber hinaus führt Alarmismus auch zu einem Ermüdungseffekt. Die erste Katastrophe erfährt nicht mehr dieselbe Aufmerksamkeit und Glaubwürdigkeit wie die zwanzigste. Misstrauen entsteht vor allem durch die Tatsache, dass trotz aller Warnungen bisher keine der Katastrophen eingetreten ist. Im Endeffekt verringert sich die Wirkung des Alarmismus zusehends und wird selbst zur Gefahr: Nicht nur übertriebene, sondern auch ernst zu nehmende Warnungen könnten ignoriert werden.[148]

---

[145] Horx (2007), S. 24
[146] ebd.
[147] vgl. ebd., S. 24 f.
[148] vgl. Grunwald (2004), S. 320 f.

Werden die Menschen zu oft mit negativen Nachrichten und Unglücksmeldungen dieser Art behelligt, kann dies zur Erhöhung und Intensität von Umweltängsten führen. Schreckensszenarien, die Angst und Hilflosigkeit auslösen, vermögen wohl kaum zu motivieren. Stattdessen resultieren Abwehrmechanismen wie Verdrängung, Schuldverschiebung oder gar ein lähmender Umweltpessimismus.[149] Letzterer ergibt die Frage danach, warum man sich angesichts der Katastrophen und dem bevorstehenden Umweltkollaps überhaupt noch anstrengen soll, sein Verhalten zu ändern. Alternativ bietet er eine willkommene Rechtfertigung, bequem in der Situation zu verharren.[150] Dass dies völlig ungeeignet und unproduktiv ist, versteht sich von selbst. Warum aber ist es dann ein so häufig benutztes Mittel? Gründe für den Erfolg des Alarmismus sind darin zu finden, dass er einerseits auf dem psychologischen Angst-Lust-Effekt (Thrill) basiert, der eine gewisse Spannung auslöst. Von der Hand zu weisen sind auch nicht die erzielten Erfolge der Methode: So hat diese (damals) auch zur Sensibilisierung der Gesellschaft in Umweltfragen beitragen können, indem überspitzte Darstellungen in Bildern oft mehr erreichen konnten als wissenschaftliche Vorträge. Letztere sind im Gegensatz zur mobilisierenden Visualisierung konkreter Schäden oft viel zu abstrakt und unnahbar.[151]

Bezogen auf das Phänomen der Nachhaltigkeit herrscht auf Seiten der Medienwissenschaft Einigkeit, dass Alarmismus gänzlich ungeeignet für die Kommunikation des Leitbilds ist. So haben die eben erwähnten Schwächen des Alarmismus bereits dazu geführt, dass sich seine Effektivität und somit sein Gebrauch insgesamt verringerte. Andererseits passt der Ansatz nicht zu den gegenwärtigen Ansprüchen der modernen Erlebnisgesellschaft[152], die vorrangig darauf aus ist, ihre hedonistischen Bedürfnisse zu befriedigen. Und auch der dem Nachhaltigkeitsprinzip immanente Vorsorgecharakter widerspricht der alarmistischen Problem-

---

[149] vgl. Lichtl (2007), S. 79
[150] vgl. Renn (2003), S. 34
[151] vgl. Grunwald (2004), S. 319 f.
[152] vgl. Lichtl (2007), S. 77

wahrnehmung. Während der Alarmismus auf aktuelle Themen aus ist, die sich reißerisch und mit großem Wirbel verbreiten lassen, offenbart die Zukunftsausrichtung und Bedeutung langfristiger Entwicklungen der Nachhaltigkeitsthematik für viele Medien keinerlei Spannung. Nicht zuletzt überfordert die hohe Komplexität des Leitbilds und die mit der Mehrdimensionalität verbundene interne Themenvielfalt die sonst so einfach strukturierte und reduzierte Inhaltsvermittlung des Alarmismus.[153]

Dementsprechend bemühen sich Wissenschaftler wie Praktiker um alternative Lösungsvorschläge. Einer davon ist der von Lichtl 1999 geprägte Ansatz des **Ecotainment**, der anregt Nachhaltigkeit und Umweltschutz mit positiven Emotionen zu verbinden. Gemäß ihrer Bezeichnung – dem Neologismus aus Ecology und Entertainment – will diese Kommunikationsstrategie möglichst „keine Assoziationen mit dem herkömmlichen Verständnis von Ökologie"[154] entstehen lassen. Anstatt also über Verwissenschaftlichung und Versachlichung Reaktanz und Übersättigung (Green Overkill) hervorzurufen, wird die „radikale Emotionalisierung bei der massenmedialen Vermittlung ökologischer Botschaften"[155] angestrebt. Gefühle wie „Faszination (…) durch Sinnlichkeit, Leidenschaft, Genuss und Musikalität in der medialen Inszenierung von Umweltthemen" sollen als „Vehikel für eine nachhaltige Beeinflussung von umweltrelevanten Einstellungen und Verhalten im täglichen Leben"[156] dienen. Ecotainment richtet sich dabei an eine klar abgegrenzte Zielgruppe: die ökologisch wenig Interessierten (mit gleichzeitig ausgeprägter Konsumorientierung). Um deren Aufmerksamkeit zu gewinnen, soll zugunsten emotionaler Inszenierungen auf eine argumentative Kommunikation komplett verzichtet werden. Der Kommunikationsansatz orientiert sich dabei an Erkenntnissen der Emotions- und Glücksforschung, nach denen individuell definiertes Glück und Wohlbefinden letztend-

---

[153] vgl. Grunwald/Kopfmüller (2006), S. 159; vgl. Grunwald (2004), S. 316
[154] Lichtl (2007), S. 80
[155] Lichtl (1999), S. 11
[156] ebd.

licher Antrieb menschlichen Handelns ist. Auch Erfahrungen der Medienforschung fließen mit ein, die zeigen, dass die durch Medienrezeption ausgelösten Emotionen besser behalten werden als Sachinformationen. Aus diesen beiden Tatsachen lässt sich schlussfolgern, dass positive Gefühle im Allgemeinen bevorzugt wahrgenommen werden. Sie begünstigen die Intensität der Aufmerksamkeit, die dann eine erfolgreiche Botschaftsvermittlung ermöglicht und die Wahrscheinlichkeit einer daraus resultierenden Handlung ansteigen lässt.[157]

Für die praktische Umsetzung erläutert Lichtl, dass die Botschaft folglich nicht „ich fahre Zug, damit es keine Klimakatastrophe geben wird" lautet, sondern „ich fahre Zug, weil ich mich dabei besser fühle und dabei glücklich bin". Nachhaltigkeit ist demnach in der Art zu kommunizieren, dass der Beweggrund zu einer bestimmten Handlung durch den damit verbundenen Eigennutzen motiviert wird. Dieser wiederum liegt (passend zum gegenwärtigen Wellness- und Gesundheitstrend) im persönlichem Wohlbefinden – Spaß und Gesundheit. Gemäß dem sogenannten „emotions-in-balance-Prinzip" tritt an die Stelle des schlechten Gewissens – einem häufigen Auslöser für nachhaltiges Verhalten – der „Feeling-Good-Effect". In der Konsequenz dessen sind einschlägige Worte wie *Öko* oder *Umwelt*, konkrete Problemthematisierungen wie Ozonloch, Klimakatastrophe oder Tempolimit sowie Anspielungen auf Sparen und Verzicht zu meiden. Vielmehr soll mit dieser Form der positiv besetzten Nachhaltigkeitskommunikation das Bedürfnis geweckt werden, freiwillig attraktive und nachhaltige Lebensstile nachzuahmen.[158]

Es scheint tatsächlich so, dass dieser Ansatz bereits teilweise Einzug in die aktuelle, medial vermittelte Nachhaltigkeitskommunikation gefunden hat. Wie beschwerlich der Weg dahin war, zeigt das folgende Kapitel.

---

[157] vgl. Lichtl (1999), S. 19 ff.
[158] vgl. ebd., S. 182 f.; vgl. Lichtl (2007), S. 79 f.

3.2.3 Bisherige Erkenntnisse der medialen Nachhaltigkeitskommunikation

Als letzter Schritt vor der eigenen Analyse der Nachhaltigkeitskommunikation in Fernsehen und Web 2.0 soll noch ein prägnanter, chronologischer Überblick auf bisherige fachbezogene Forschungsbemühungen gegeben werden.

Im Jahr 2004 veröffentlichten der Rat für Nachhaltige Entwicklung (RNE) und das Adolf Grimme Institut für Medien, Bildung und Kultur eine Kurz-Studie zum Thema „TV-Medien und Nachhaltigkeit". Auf Basis von Interviews mit Medienexperten und -machern von öffentlich-rechtlichen und privaten Sendern sowie der Auswertung ausgewählter Programmbeispiele wurde geschlussfolgert, dass Nachhaltigkeit für das Fernsehen noch keinen ausreichenden Nachrichtenwert besitzt und die aufkeimende gesellschaftliche Nachfrage nicht widerspiegelt. Obwohl eine grundsätzliche Akzeptanz des Leitbilds vorhanden ist, lehnt der überwiegende Teil der Produzenten, Redakteure und Autoren die Verwendung des Begriffes ab, „da Begriff und Leitbild als zu komplex, zu anspruchsvoll, zu unkonkret und schwierig vermittelbar beurteilt"[159] werden. Bezeichnend ist in diesem Zusammenhang auch, dass über ein Drittel der angefragten Journalisten nicht am Interview teilnahm, da sie den Begriff „nicht kennen, sich mit ihm nicht auseinander setzen wollen oder keine Beziehung zwischen Nachhaltigkeit und Fernsehen herstellen können"[160]. In Übereinstimmung mit dem Ecotainment-Ansatz wurde auch vom RNE der emotionalisierende Zugang sowie die Herausstellung eines persönlichen Nutzens nachhaltigen Verhaltens empfohlen. Ebenso gilt die Personalisierung in Form von überzeugenden Protagonisten, die das Leitbild verkörpern und zur Nachahmung anregen sollen, als vielversprechende Kommunikationsmethode.[161]

Ein Jahr später initiierte der RNE gemeinsam mit dem Adolf-Grimme-Institut und dem Presseamt der Bundesregierung die Medien-

---

[159] RNE (2004), S. 3
[160] ebd.
[161] vgl. ebd., S. 4 f.

konferenz „Fern-Sehen: Zukunftsthema Nachhaltigkeit", auf der 160 Medien- und Nachhaltigkeitsexperten über Möglichkeiten der Inszenierung des Leitbilds diskutierten. Die Empfehlung des Teilnehmers Schwieger „als Fachmann für angewandte Kommunikation ist ganz einfach: Nachhaltigkeit muss verschwinden. Muss sich auflösen in den verschiedenen Formaten und Inhalten", sie kann „nur über Emotionen zum Ausdruck gebracht werden". Die Einschätzung der schweren Vermittelbarkeit führt soweit, dass Schwieger „den Begriff Nachhaltigkeit (...) nie wieder hören, die Botschaft dahinter aber immer häufiger sehen"[162] möchte.

2006 hielten der RNE und die ZFP (Zentrale Fortbildung der Programmmitarbeiter ARD/ZDF) den zweitägigen Kreativ-Workshop „Nachhaltigkeit als Programm" ab, an dem sich verschiedene Medienvertreter und Institutionen beteiligten. Zusammengetragen wurden sowohl Ist-Zustände der Nachhaltigkeitskommunikation im Fernsehen als auch Ideen für neuartige Gestaltungskonzepte. Herauszuheben ist die vorherrschende Meinung der Teilnehmer, dass das Medium ein beachtliches Potential beherbergt, Nachhaltigkeit zu popularisieren. Während eine trennscharfe Definition bis dato fehlt, sind die Vermittlungsmöglichkeiten im Grunde genommen genauso vielfältig wie das Leitbild selbst. Und gerade für die Herausforderung, auch das weniger interessierte Massenpublikum zu erreichen, seien alle bekannten Sendeformate geeignet.[163]

2008 präsentierte das Forschungsprojekt „balance[f] – Medialisierung der Nachhaltigkeit", gefördert vom Bundesinnenministerium für Bildung, die Zwischenergebnisse seiner Untersuchungen. Ausgangspunkt des Projekts war es, die vermeintliche Krise der Umwelt- beziehungsweise Nachhaltigkeitskommunikation zu analysieren und zu schauen, auf welche Weise sich die Thematik im Fernsehen transportieren lässt. Dazu wurden für die fokussierte Zielgruppe des „sozial schwächeren Milieus", das heißt „eher bildungsferne[n] Zuschauer- und Ver-

---

[162] Schwieger (2005), cultura21.de
[163] vgl. RNE (2007b), S. 4 ff.

brauchergruppen"[164], sechs Sendungen um das Thema Nachhaltigkeit und Umwelt produziert. Beteiligter Unterstützer war die Produktionsfirma von „Welt der Wunder", sodass die Beiträge zwischen 2004 und 2005 auf dem Sender RTL II ausgestrahlt wurden. Entgegen der bis dato bestehenden Vorbehalte seitens der Journalisten (Nachhaltigkeit als Quotenkiller[165]), führte die Untersuchung zu anderen Ergebnissen: Das Thema Nachhaltigkeit hatte weder positive noch negative Effekte auf die Einschaltquote. Vielmehr machte man sogenannte Talking Heads, also zu Wort kommende Experten als Störfaktor aus. Demzufolge leitete das Forschungsteam die Empfehlung ab, Nachhaltigkeit „vermehrt in Geschichten [zu] integrieren, statt es technisch als obskures, fremdes Konstrukt von Experten (...) erläutern zu lassen"[166]. Da das Projekt den Ecotainment-Ansatz von Lichtl zugrunde legt, entwickelten die Forscher einen Ecotainment-Index, mit dessen Hilfe Nachhaltigkeit in TV-Beiträgen bewertbar gemacht werden kann. Dieser Index wurde an den eigenen sechs Sendungen getestet und gliedert sich in drei Teilkriterien:[167]

1. welchen expliziten (direkte Nennung des Begriffs oder Erläuterung des Konzepts „Nachhaltigkeit") und impliziten (Rating durch Experten) Bezug sie zum Thema Nachhaltigkeit haben,
2. in welchem Maße sie ein heterogenes Publikum und damit neue Zielgruppen ansprechen,
3. wie stark sie Anlass für eine positive kognitiv-emotionale Verarbeitung durch die Zuschauer/innen bieten.

Zum ersten Punkt sei angemerkt, dass die explizite Nennung über eine Inhaltsanalyse erfasst und quantifiziert werden kann. Um einen impliziten Bezug messbar zu machen, mussten die Beiträge fünf Nachhaltigkeitsexperten zur Einschätzung vorgelegt werden. Dies macht die An-

---

[164] Schwender et al. (2009), S. 136
[165] vgl. Kreeb et al. (2009), S. 146
[166] Schwender et al. (2009), S. 142
[167] Schwender et al. (2007), S. 47 f.

wendung des Index bislang nur Expertenkreisen möglich, weshalb an einer inhaltsanalytischen Erweiterung gearbeitet wird.[168]

Allerdings dürfte es schwer sein, solch ein eindeutiges System zu entwickeln. Schließlich ist es fraglich, wie bei einem so vielseitigen Konstrukt, das sich auf mehrere Dimensionen und ethisch-moralische wie zukunftsbezogene Belange ausdehnt, genau definiert werden kann, welche Aspekte zur Nachhaltigkeit gehören und welche nicht. Auf lange Sicht erschweren gewiss auch die vielfältigen Sichtweisen der einzelnen Disziplinen und Akteure mit ihren unterschiedlichen Problemwahrnehmungen die Einigung auf eine trennscharfe Abgrenzung.

Festzuhalten bleibt ferner, dass es – trotz der mehrfach geäußerten Eignung des Leitbilds, thematisiert zu werden – immer noch viele Journalisten gibt, die die Kommunikation in den gängigen Medienformaten für unrealisierbar halten. Neugebauer findet diese Meinung gerade zu verführend und schier falsch. Seiner Ansicht nach muss die Botschaft medienadäquater gestaltet werden. Statt nun jedoch eine schnelle, erneut nur kurzfristig angelegte Umstellung auf ein grünes Image zu vollziehen, sollte der Wandel auf „Glaubwürdigkeit, Innovation und Authentizität"[169] fußen. Rogall bemängelt, dass die Vielschichtigkeit des Leitbilds und die bisher fehlende Wissensverankerung bei der Bevölkerung oft als Ausrede benutzt wird, das Thema nicht aufzugreifen.[170] Schwender und Kollegen vertreten daher die Ansicht, dass sich Journalisten stärker um eine inhaltliche Auseinandersetzung bemühen sollten, anstatt dem Konzept von vornherein eine Untauglichkeit in punkto seiner Vermittelbarkeit zu bescheinigen.[171]

Bezüglich des Forschungsstands der Nachhaltigkeitskommunikation im Web 2.0 fiel bei der Recherche auf, dass bislang keine vergleichbaren Studien existieren. Lediglich ausschnittsweise wird auf das hohe Potential zur Verbreitung des Leitbilds durch die vielfältigen Nutzungs-

---

[168] vgl. Schwender et al. (2007), S. 48 ff.
[169] Neugebauer (2009), S. 58 ff.
[170] vgl. Rogall (2003), S. 212
[171] vgl. Schwender et al. (2009), S. 135 ff.

möglichkeiten des Phänomens hingewiesen[172], auf das an späterer Stelle eingegangen wird. Überblicksmäßig kann festgehalten werden, dass das Web 2.0 ein geeignetes Gegengewicht zur massenmedialen Vermittlung bildet und nach gänzlich anderen Regeln funktioniert. Statt nur passiv die selektierten Inhalte von Journalisten zu rezipieren, werden Nutzer selbst aktiv und bestimmen eigenständig, ob und in welcher Weise Nachhaltigkeit kommuniziert wird.

---

[172] vgl. bspw. Schulz (2009), S. 150 ff.

4 Kommunikation von Nachhaltigkeit in Fernsehen und Web 2.0 – Untersuchung

Während die bisherigen Studien überwiegend der Frage nachgingen, ob Nachhaltigkeit vermittelbar ist und wie vorzugehen sei, um die weniger interessierten Rezipienten zu erreichen, stellt die vorliegende Arbeit die Frage der gegenwärtig angewandten Methodik der Nachhaltigkeitskommunikation. Dazu werden Fernsehen und Web 2.0 (speziell Weblogs) untersucht und ihre jeweiligen Besonderheiten (inhaltlicher und qualitativer Art) betrachtet.

4.1 Medienauswahl

Die Frage, warum gerade diese zwei Medien ausgewählt wurden, lässt sich mit dem spannenden Gegensatz beantworten, den sie repräsentieren. Das **Fernsehen** ist ein klassisches (Massen-)Medium, verbunden mit den Eigenschaften der one-to-many-Kommunikation, bei der die Inhalte von einem Sender für ein disperses, passiv rezipierendes Publikum produziert werden. Die Nutzungsmöglichkeiten sind demzufolge aufgrund der Vorauswahl durch die Medienmacher begrenzt. Das Internet[173] zählt hingegen zu den Neuen Medien, gekennzeichnet durch digitale Vernetzung und Interaktivität. Als Hybridmedium bietet es sowohl Möglichkeiten des one-to-may-Paradigmas (in der erwähnten ausschließlich passi-

---

[173] Die vorliegende Arbeit verwendet in Anlehnung an die Einigung innerhalb des wissenschaftlichen Diskurses den Begriff „Internet" auch an den Stellen, an denen die Bezeichnung „World Wide Web" korrekter wäre.

ven Informationsaufnahme) als auch der many-to-many-Kommunikation. Letztere wird am deutlichsten durch das **Web 2.0**-Phänomen vertreten, bei dem sich sämtliche Nutzer am Austausch von Information beteiligen können, das heißt über die Möglichkeit verfügen, aktiv nach diesen zu suchen oder sie gar selbst zu generieren und zu verbreiten. Eine auf individuelle Ansprüche ausgerichtete Nutzung dieses Mediums ist demnach stärker möglich als beim Fernsehen.

Gemeinsam ist den beiden Medien, dass sie einen außerordentlich hohen Stellenwert in der Freizeit- und Lebensgestaltung vieler Menschen einnehmen. Während ihr Gebrauch überwiegend mit Motiven der Entspannung, Unterhaltung und Zeitvertreib begründbar ist, wird an beide auch eine erhebliche Erwartung an Informationsvermittlung gestellt.[174] So scheinen sie abwechselnd um den Status des Leitmediums der Deutschen zu ringen, wobei dem Internet, von stetigem Wachstum gekennzeichnet, in letzter Zeit zunehmend das Prädikat Universalmedium zugesprochen wird. Im Sinne des Kampfes um Nutzerzahlen lässt sich hier von einer Konkurrenzsituation sprechen, die auch als „War for Eyeballs" bezeichnet wird.[175]

Da sich aus den differenzierten Gebrauchsmöglichkeiten eine interessante Ausgangssituation für die Möglichkeiten der Nachhaltigkeitskommunikation ergibt, sei im Folgenden auf die spezifischen Eigenheiten beider Medien eingegangen.

4.1.1 Fernsehen

Eine Besonderheit des seit rund 60 Jahren etablierten Mediums Fernsehen ist seine Audiovisualität. Die Kombination von Bewegtbildern und Tönen spricht zwei menschliche Sinne gleichzeitig an und kann sich dadurch einer sehr hohen Aufmerksamkeit durch die Nutzer gewiss sein. Da diese Form der Informationsaufnahme mittels Augen und Ohren der

---

[174] vgl. Trump et al. (2007), S. 30 ff.; vgl. Friedrichsen (2004), S. 13
[175] vgl. Friedrichsen (2004), S.13

alltäglichen, nichtmedialen Wahrnehmung von Sinneseindrücken gleichkommt, ist das Fernsehen mit einem Gefühl der Vertrautheit verbunden.[176] Auch seine permanente Verfügbarkeit erleichtert die Integration in den Alltag vieler Menschen, ja gibt diesem bisweilen eine Struktur. Die Periodizität vieler Sendungen (als offensichtlichstes Beispiel seien hier die festen Uhrzeiten der täglichen Nachrichten genannt) bestimmt den Tagesablauf entscheidend mit und macht die Fernsehnutzung des Öfteren zu einem weiteren Ritual in der Reihe alltäglicher Gewohnheiten. Das Einschalten des TV-Gerätes nach dem Arbeitstag wird insofern der symbolischen Handlung des Umschaltens von Arbeits- zu Freizeit gleichgesetzt.[177]

Die Auswahl von Sendungen erfolgt indessen sowohl zur bewussten Befriedigung aktueller Bedürfnisse (Uses-and-Gratification-Ansatz von Blumler & Katz) als auch zur überwiegend unbewussten Stimmungsregulation (Mood-Management-Ansatz von Zillmann). Als zentrales Motiv der Fernsehnutzung gilt dabei das Bedürfnis nach sozialem Kontakt.[178] Dementsprechend liegen die Stärken des Mediums darin, mit speziellen Methoden diesem Bedarf nach Affiliation nachzukommen. Laut Bente und Fromm ist das Fernsehen in vielen Bereichen durch Personalisierung, Authentizität, Intimisierung sowie Emotionalisierung gekennzeichnet. Wenn beispielsweise in Nachrichtensendungen, Reality-Shows oder Infotainmentsendungen statt der nüchternen Präsentation eines Sachverhaltes Betroffene selbst zu Wort kommen, wird beim Zuschauer stärkere Anteilnahme ausgelöst und das Gefühl der unmittelbaren Teilhabe am Geschehen suggeriert.[179] Auch die visuelle Vermittlung menschlicher Verhaltensaspekte in Form von Erscheinungsbild, Körperhaltung, Mimik und Gestik besitzt „zentrale Bedeutung für die interpersonale Eindrucksbildung, die Definition sozialer Beziehungen und die Regulation des

---

[176] vgl. Schramm/Hasebrink (2004), S. 467
[177] vgl. Mikos (1994), S. 35 ff.
[178] vgl. Leffelsend et al. (2004), S.53 f.
[179] vgl. Bente/Fromm (1997), S. 38 ff.

emotionalen Interaktionsklimas"[180]. Jene nonverbalen Signale des Kommunikationsverhaltens sind im Stande, auf subtile Weise Einfluss auf das Verhalten der Zuschauer zu nehmen. Die Auslösung sozio-emotionaler Effekte wird erreicht, indem die Bildschirmakteure durch den Zuschauer ebenso schnell und dauerhaft mit Gefühlen belegt werden wie reale Bezugspersonen, sodass es zu emotionalen Ansteckungsprozessen bis hin zum Aufbau emotionaler Bindungen kommen kann. Diese Wechselwirkungen wiederum können sich in Empathie, Identifikation und parasozialer Interaktion ausdrücken.[181]

Aufgrund von Informations- und Orientierungsbedürfnissen der Rezipienten wird das mediale Angebot nicht selten als Ratgeber und Lebenshilfe genutzt. Und zwar nicht nur mit den ohnehin darauf ausgelegten Ratgeber- und Servicesendungen, sondern mit fast allen Formaten, in denen TV-Protagonisten ähnliche Sorgen, Interessen und Ansichten wie die Zuschauer aufweisen. So können erstere als Identifikationsfiguren (Vorbilder) dienen, das Gefühl des Verstandenseins hervorrufen und dazu benutzt werden, im Rahmen sozialer Vergleichsprozesse, die eigenen Fähigkeiten, Fertigkeiten und Meinungen einzuschätzen. Die Ergebnisse dieser Bewertung können zum Hinterfragen der eigenen Verhaltensweisen führen, ebenso wie gezeigte Lösungsvorschläge und Handlungsalternativen der Fernsehpersonen als Anregung zu Veränderungen aufgefasst werden können.[182]

Im Rahmen dieser Erkenntnisse spricht Mikos vom Fernsehen als Sozialisationsinstanz. Es fungiert als ein kulturelles Forum, das die vielfältigen gesellschaftlichen Lebensauffassungen darstellt und „über die Rezeption und Aneignung der Inhalte zur Aushandlung, Konstitution und Rekonstitution der Identität der Zuschauer"[183] beiträgt. Inwiefern sich das Gezeigte auf den Zuschauer auswirkt, bestimmt dessen gegenwärtiger Lebenskontext, verinnerlichte Werte und Normen sowie bishe-

---

[180] Bente/Fromm (1997), S. 40
[181] vgl. ebd., S. 40 ff.
[182] vgl. ebd., S. 35 ff.
[183] Mikos (1994), S. 125

rige Erfahrungen. Daher ergibt sich der Sinn einer Sendung in Abhängigkeit der Auseinandersetzung des Rezipienten mit den Inhalten im Bezug zu seinem sozialen Hintergrund. In bestimmten Konstellationen ist folglich ein Einfluss auf Lebensstil- und Geschmacksbildung möglich.[184]

4.1.2 Web 2.0

Begrifflich ist die Prägung des Web 2.0 im Jahr 2004 verankert, als im Rahmen einer Konferenz eine Benennung für den vielfach betonten, sich abzeichnenden „revolutionären Wandel im Internet" gesucht wurde.[185] Einerseits führte diese Bezeichnung zu einem großen Hype sowie hohen Erwartungen an jenes „neue Internet", andererseits wurde die Übertriebenheit kritisiert, den kontinuierlichen Entwicklungsprozess des Web, der zu einer Vielzahl von Veränderungen führte, als tiefgreifenden Umbruch zu betiteln.[186]

Da bis heute keine allgemeingültige Definition vorliegt, werden zur Kennzeichnung des Phänomens immer wieder typische Anwendungen, Technologien und Nutzungsweisen aufgezählt, die sich von seiner Vorgängerversion abgrenzen. So ist das Web 1.0 im Sinne der one-to-many-Kommunikation als „starre Informationsquelle"[187] bekannt, bei der, wie erwähnt, nur bestimmte Sender Informationen an Empfänger weitergeben. Hingegen ist es im Web 2.0 mit Hilfe neuartiger Technologien jedem möglich, ohne großen Aufwand oder spezielle Kenntnisse eigene Webpräsenzen zu erstellen, Videos und Fotos zu veröffentlichen, Blogs zu schreiben und zu kommentieren oder an Diskussionen teilzunehmen. Das heißt, dass ehemals passive Nutzer nun als aktive Produzenten eigene Informationen, Wissen und Meinungen verbreiten können.

---

[184] vgl. Mikos (1994), S. 127 ff.
[185] vgl. Haas et al. (2007), S. 215; vgl. Alby (2008), S. 15
[186] vgl. Schmidt (2008), S. 36
[187] Kilian et al. (2008), S. 4

Des Weiteren wird dem Web 1.0 die Verknüpfung von Inhalten überwiegend mittels Hyperlinks zugeordnet, während das Web 2.0 vorrangig den Kontakt zwischen den Nutzern herstellt, also die Verknüpfung via Interessen-Netzwerke fokussiert.[188] Während früher Webseiten eher nebeneinander existierten, ist heute die ganzheitliche Vernetzung ein besonderes Merkmal.[189] Demzufolge ist es nun wesentlich einfacher, Gleichgesinnte ausfindig zu machen und in Communities Erlebnisse und Ideen zu teilen. Neben dem sozialen Miteinander im Erfahrungsaustausch ist auch die gemeinschaftliche Arbeit an Wissensplattformen, die durch unterschiedliche Kompetenzen der Nutzer Schritt für Schritt verbessert werden oder das kooperative Weiterentwickeln von freier Software (Open Source) ein weiteres entscheidendes Kriterium des Web 2.0: die Kollaboration. Im Rahmen dieser zeit- und ortsunabhängig aufgebauten Wissenssammlungen spricht O'Reilly von der Ausschöpfung kollektiver Intelligenz.[190] Die gleichzeitige Rezeption und Produktion von Inhalten machen den Nutzer zum „prodUser" beziehungsweise „prosumer".[191] Dies bleibt allerdings nicht auf die erwähnte kooperative Online-Autorenschaft beschränkt. Von Web 2.0-Nutzern kommunizierte Vorschläge für Produktverbesserungen oder selbst erstellte Alternativen sind für Unternehmen interessant, um statt Standardprodukten stärker an Kundenwünschen orientierte Erzeugnisse und Dienstleistungen anzubieten.

Neben den veränderten Nutzungsbedingungen tragen für Alby auch die Änderungen des Umfelds entscheidend zur Ausdifferenzierung des Web 2.0 bei. Dazu gehören sinkende Preise der Internetnutzungskosten, Erhöhung der Zugangs- und Datenübertragungsgeschwindigkeiten, Einigung auf einen Standardbrowser (zur Erleichterung der einheitlichen Interpretation von Webseiten) wie auch die Durchsetzung von Nutzungs- und Gestaltungsregeln (beispielsweise Nielsens Usability-Richtlinien).[192]

---

[188] vgl. Baumgartner/Himpsel (2008), S. 26
[189] vgl. Huber (2008), S. 10 ff.
[190] vgl. O'Reilly (2005), oreilly.com
[191] vgl. Stocker/Tochtermann (2009), S. 64
[192] vgl. Alby (2008), S. 1 ff.

Zur weiteren Klassifizierung werden dem Web 2.0 auf Basis seiner verwendeten Technologien (Folksonomies, Mikroformate, Ajax, Adobe Flash, Flex sowie RSS-Feeds) verschiedene Anwendungen als typisch zugeordnet:[193]

- Social Communities (Foto- oder Videocommunities wie Flickr.com, youtube.com)
- Social Networking Sites (Privat- und Businessnetzwerke wie studiVZ.net, xing.com)
- Weblogs (online geführtes Tagebuch/Journal)
- Microblogs (Sonderform von Blogs wie twitter.com, jaiku.com)
- Podcasts/Vodcasts (Audio- und Videodateien)
- Wikis (Webseiten, die von allen Nutzern bearbeitet werden können).

Bezogen auf die erhöhte und selbstbestimmte Partizipation der Nutzer wird das Web 2.0 auch Mitmach-Web oder Web der User genannt. Dass von einem ernst zu nehmenden Phänomen gesprochen werden kann, signalisiert die Anzahl der Beteiligten. Inzwischen nutzen 20 Prozent aller Onliner regelmäßig Web 2.0-Angebote, 43 Prozent von ihnen als passiv partizipierende und 57 Prozent als aktiv partizipierende (das heißt kommunizierende und mitgestaltende) User. Soziodemografisch fällt die überwiegend männliche, in der Altersgruppe der 14- bis 29-Jährigen, überdurchschnittlich gut gebildete und finanziell besser gestellte Nutzerschaft ins Auge.[194]

Bei der anschließenden Untersuchung der Nachhaltigkeitskommunikation im Web 2.0 liegt der Fokus auf **Weblogs**, da sie die wesentlichen Merkmale des Web 2.0 vereinen und damit als typischste Vertreter gelten können. Blogs werden definiert als „Online-Publikationen, die sich durch kurze, umgekehrt chronologisch angeordnete Einträge sowie eine starke Dialogorientierung auszeichnen und besonders expressive, authentische Ausdrucksformen ermöglichen"[195]. Neben journalistischen, institutionellen, politischen und Corporate Weblogs lassen sich vor allem private Online-Tagebücher ausmachen, in denen Privatpersonen zum Teil sehr

---

[193] vgl. Stocker/Tochtermann (2009), S. 64 ff.; vgl. Trump et al. (2007), S. 5 ff.
[194] vgl. Trump et al. (2007), S. 17 ff.
[195] Zerfaß/Boelter (2005), S. 20

persönliche Ansichten offenbaren, auf andere Onlinequellen und Blogs verweisen, Bilder und Videos veröffentlichen und über die Kommentarfunktion in Diskussion mit ihren Lesern treten. Selbst mit ausgefallenen Interessengebieten kann hiermit eine größere Leserschaft erreicht werden. Die Funktion des Trackbacks ermöglicht es dem Autor zu verfolgen, wenn ein anderer Blogger Bezug auf einen Eintrag genommen hat. Somit entsteht eine dichte Vernetzung untereinander und die Chance der viralen Verbreitung von Botschaften in der Blogosphäre steigt.[196] Dementsprechend existiert auch innerhalb dieses Blognetzwerks die Möglichkeit des Agenda-Setting, wenn bestimmte Themen häufiger aufgegriffen werden.

Nach Ansicht von Zerfaß und Boelter bilden Blogs „die Speerspitze einer neuen Generation von Social Software" und zielen „vor allem auf Information und Meinungsbildung"[197]. „Ihre subjektiven Erfahrungen und Meinungen sind für viele Nutzer so interessant, dass Blogs inzwischen als besonders authentische und interaktive Alternative zu den traditionellen Internetportalen und den zunehmend standardisierten Massenmedien (Print, TV, Hörfunk) wahrgenommen werden."[198] Ihr meinungsbildender Einfluss wird umso deutlicher, wenn man die Zahlen einer aktuellen Studie gegenüberstellt: Während jeder Fünfte Weblogtexte verfasst, liest jeder Zweite diese Einträge.[199] Insofern lässt sich von einer erheblichen Multiplikatorwirkung des Mediums sprechen, die mit einem gewissen Machtfaktor einhergeht. Jedem ist es nun möglich, mit einfachen Mitteln jegliche Informationen zu verbreiten – losgelöst von journalistischen und redaktionellen Vorauswahlen oder Zensuren. Aber auch über den Rand des Internets hinaus vermögen Blogs auf die öffentliche Kommunikation einzuwirken und zwar wenn klassische Medien Beiträge aufgreifen und publizieren. Rezipienten der etablierten Medien

---

[196] vgl. Huber (2008), S. 27
[197] Zerfaß/Boelter (2005), S. 22
[198] ebd., S. 20
[199] vgl. Fittkau & Maaß Consulting (2009), w3b.org

erhalten somit auch Informationen aus der Blogsphäre.[200] Deshalb liegt eine Besonderheit von Blogs darin, dass sie sowohl Individual- als auch Massenkommunikation ermöglichen, ferner „eine Schnittstelle zwischen Nischenöffentlichkeiten und dem gesellschaftlichen Mainstream"[201] bilden und damit neue Formen der Thematisierung anregen.[202]

4.2 Untersuchung

Anhand einer eigenen Datenerhebung und -auswertung soll der aktuelle Stand der medialen Nachhaltigkeitskommunikation in Fernsehen und Web 2.0 untersucht und dessen Ergebnisse im Folgenden vorgestellt werden. Das Vorgehen orientiert sich dabei an der qualitativen Inhaltsanalyse nach Mayring. Das heißt, dass das ausgewählte Material systematisch (regel- und theoriegeleitet) ergründet und ein Kategoriensystem abgeleitet wird. Die Entwicklung dieses Systems erfolgt induktiv – direkt aus dem Datenmaterial heraus.[203]

Das Verfahren der zusammenfassenden Inhaltsanalyse ermöglicht es dabei, mit sehr umfangreichen Textmengen (wie im Falle von TV-Sendungen und Weblog-Beiträgen) umzugehen. Dazu werden die Texte in Analyseeinheiten zerlegt und in mehreren Durchläufen mittels fester Regeln zur Paraphrasierung, Generalisierung und Reduktion zusammengefasst. Die induktive Kategorienbildung erfolgt durch Festlegung eines Selektionskriteriums (in Hinblick auf das Ziel der Analyse). Wird dieses Kriterium erfüllt, erfolgt die Benennung einer neuen Kategorie oder – bei Übereinstimmung mit einer vorhandenen Kategorie – die Subsumption. In einem weiteren Abstraktionsschritt werden zusammengehörige Kategorien zu Hauptkategorien verbunden.[204]

---

[200] vgl. Alby (2008), S.36 f.
[201] Zerfaß/Boelter (2005), S. 92
[202] vgl. ebd.
[203] vgl. Mayring (2008), S. 42 ff.
[204] vgl. ebd., S. 61 ff.

Das Ergebnis der Analyse soll folgende (Forschungs-)Frage beantworten: Wie wird die Thematik Nachhaltigkeit in den beiden ausgewählten Medien kommuniziert? Die Antwort gibt Aufschluss darüber, auf welche Weise Nachhaltigkeitsbewusstsein medial geweckt und unterstützt werden kann.

Neben dieser Erkundung der Methoden der Nachhaltigkeitskommunikation werden auch inhaltliche Schwerpunkte analysiert. Diese werden allerdings vereinfachend auf die drei Dimensionen der Nachhaltigkeit heruntergebrochen, um anschließend festzustellen, ob eine Ausgewogenheit ihres Vorkommens vorliegt. Zur besseren Einschätzbarkeit der Nachhaltigkeitskommunikation im Allgemeinen, wird auch ein Blick auf qualitative Besonderheiten der Medienformen geworfen.

4.3 Kommunikation von Nachhaltigkeit im Fernsehen

4.3.1 *Vorgehen*

Grundvoraussetzung für die Analyse von Vermittlungsformen der Nachhaltigkeitskommunikation im Fernsehen ist die Auswahl von Sendungen, die sich mit Nachhaltigkeit befassen, das heißt explizite oder implizite Nachhaltigkeitsaspekte aufweisen.

Wie mehrfach im Text zur Sprache kam, handelt es sich bei dem Nachhaltigkeitsleitbild um eine extrem komplexe, mehrdimensionale, ganzheitliche und in beständiger Ausdifferenzierung befindliche Thematik. Demzufolge ist es unmöglich, eine allumfassende Kriterienliste zu erstellen, anhand derer eine Sendung eindeutig der Nachhaltigkeitsvermittlung zugeordnet oder von dieser ausgeschlossen werden kann. Bisherige Untersuchungen anderer Forscher weisen genau diese Tatsache als große Schwierigkeit aus, Sendungen, die Teilaspekte der Nachhaltigkeit ohne direkten Hinweis behandeln, als solche eindeutig zu klassifizieren. Bei der vorliegenden Auswertung wurde als Entscheidungskriterium zugrundegelegt, dass die Sendungen gemäß der Nachhaltigkeitsdefinition möglichst gleichzeitig die drei Dimensionen Ökologie, Ökonomie und Soziokulturalität beinhalten und auf die Zukunftsausrichtung sowie die Generationenverantwortung Bezug nehmen. Zur vorbereitenden Sensibilisierung für die vielfältigen Anwendungsfelder wurden die Kapitel der Begriffsauseinandersetzung (Kapitel 1.1) und Akteure (Kapitel 2.2) bewusst ausführlich bearbeitet.

Den Datenbestand bildet ein Querschnitt von Sendungen aus dem Jahr 2009 (Januar bis September), um nachvollziehen zu können, wie Nachhaltigkeit aktuell kommuniziert wird. Unzweifelhaft wurden auch in den vergangenen Jahren Wissenssendungen, Dokumentationen und verschiedene Magazine zur Thematik gesendet. Doch erst jetzt, über 20 Jahre nach seiner Statuierung, gelangt das Konzept wesentlich stärker in den Fokus von Öffentlichkeit, Journalisten und Programmgestaltern. Daher dürften sich mit seinem fortwährenden Aufstreben inzwischen verschiedene Methoden der Kommunikation etabliert haben.

Um eine grobe Verallgemeinerbarkeit der Ergebnisse auf gegenwärtige Fernsehinhalte zu gewährleisten und ein möglichst breites Spektrum abzudecken, wurden die Sendungen stichprobenartig über mehrere Monate, zu variierenden Sendezeiten, aus verschiedenen Programmangeboten und Formaten verteilt gewählt. Von einem Sendungsgenre wurden größtenteils mehrere Vertreter herangezogen, Musik- und Werbesendungen wurden hingegen bewusst ausgelassen. Ebenso wurde versucht, von allen größeren deutschen Sendern – private wie öffentliche – Beiträge zu finden, wobei sich dies bei den privaten als wesentlich schwieriger herausstellte. Zur Ermittlung von geeigneten Analyseproben wurden verschiedene Informationsquellen genutzt: Fernsehzeitschriften und Homepages der Sender und Sendungen, die Beschreibungen der Inhalte bereitstellen und eine gezielte Suche ermöglichen. Benutzte Suchworte waren *Nachhaltigkeit, Zukunftsfähigkeit, nachhaltige Entwicklung, Öko, Bio, FairTrade, CSR, LOHAS, Erneuerbare Energien* und zahlreiche andere. Darüber hinaus wurden Foren, Blogs und Portale besucht, die sich mit Nachhaltigkeit beschäftigen und Programmtipps zusammenstellen.[205]

---

[205] bspw. unter der Rubrik TV-Tipps bei lohas.de und agenda21-treffpunkt.de

Bereits an dieser Stelle fiel auf, dass die wenigsten Sendungen einen expliziten Nachhaltigkeitsbezug im Sinne der gleichzeitigen Behandlung aller Dimensionen aufweisen, wie es zum eigentlichen Anspruch der Untersuchung gehört. Und auch die Beschreibung der Sender für ihre eigenen Ausstrahlungen wurde fast nie mit dem Begriff *Nachhaltigkeit* verschlagwortet. Daher mussten auch Sendungen mit nur einer oder zwei thematischen Bezügen eingeschlossen werden. Die getroffene Auswahl ist in Tabelle 1 ersichtlich.

Nr.	Sender	Sendung „Sendungs-/Beitragstitel"	Sendeformat	Datum
01	3Sat	Vivo „Im Einklang mit der Natur"	Servicemagazin	16.01.2009
02	ZDF	Berlin direkt „Erneuerbare Energien"	Politisches Magazin	01.02.2009
03	WDR	Lokalzeit „Kompakt"	Regionalmagazin	05.02.2009
04	VOX	Wissenshunger „Bio-Fastfood: Kampf der Burger"	Wissensmagazin	06.02.2009
05	Sat1	Mensch Markus „Erklärbär auf dem Biohof"	Comedysendung	13.02.2009
06	ZDF	Maybrit Illner „Land in Angst, SPD im Tief"	Politische Talkshow	26.02.2009
07	ZDF	Sonntags „LOHAS: Öko-Hedonisten oder mehr?"	Servicemagazin	01.03.2009
08	NDR	Markt „Grüne Geldanlagen"	Verbrauchermagazin	09.03.2009
09	ZDF	Kerner „Die ökologisch verträgliche Sendung"	Talkshow	12.03.2009
10-12	ARTE	Themenabend: „Unser Hunger – Euer Profit", 3 Sendungen: „Hühner für Afrika – Vom Unsinn des globalen Handelns", „Die Biosprit-Lüge", „We feed the World"	Dokumentation	07.04.2009
13	Pro7	taff, 2 Beiträge: „Grüne Promis" „Grüner taff Trend"	Boulevardmagazin	22.04.2009
14	Pro7	SAM „Öko ist sexy"	Boulevardmagazin	22.04.2009
15	Pro7	Galileo „Dachbegrünung"	Wissensmagazin	22.04.2009
16	Pro7	Galileo „Gütesiegel"	Wissensmagazin	06.05.2009
17	ZDF	ZDF.umwelt „LOHAS und ihr grüner Lifestyle"	Umweltmagazin	24.05.2009

Kommunikation von Nachhaltigkeit im Fernsehen 81

Nr.	Sender	Sendung „Sendungs-/Beitragstitel"	Sendeformat	Datum
18	Pro7	Galileo „100 Sekunden: Lebensmittelampel"	Wissensmagazin	04.06.2009
19	3Sat	Vivo „Is(s)t Bio besser?"	Servicemagazin	06.06.2009
20	Eurosport	Eurosport for the Planet „French Open"	Sport-und Ökologiemagazin	23.06.2009
21	ZDF Info	Wirtschaftswunder „Geld sparen: Ökostrom unter der Lupe"	Wirtschaftsmagazin	27.06.2009
22	3Sat	Bauerfeind „Carrotmob"	Popkulturmagazin	01.07.2009
23	NDR	Markt „Abzocke mit Bio-Labeln?"	Verbrauchermagazin	20.07.2009
24	ZDF	Heute „Ökostrom wird immer beliebter"	Nachrichtensendung	21.07.2009
25	Sat1	Das Magazin „Einkaufstest: Wer Bio kauft, kauft teuer?"	Servicemagazin	27.07.2009
26	Phoenix	Betrifft „Alles Bio. Das Geschäft mit den Bio-Lebensmitteln"	Dokumentation	29.07.2009
27	RTL	Punkt 12: Besser Leben „So gesund sind Bio-Lebensmittel"	Ratgebersendung	03.08.2009
28	ARD	Tagesschau „FairTrade"	Nachrichtensendung	11.08.2009
29	WDR	Neuneinhalb „Tschüss Glühbirne – Warum muss die Glühbirne gehen?"	Nachrichtenmagazin für Kinder	29.08.2009
30	SWR	Im Grünen „Wie ökologisch ist Öko-Test?"	Umweltmagazin	01.09.2009
31	N 24	Doku „Klimakatastrophe: 6 Grad, die die Welt verändern"	Dokumentation	06.09.2009
32	RTL	Exclusiv „Top des Tages"	Boulevardmagazin	11.09.2009
33	BR	Unser Land „Biologische Landwirtschaft"	Umweltmagazin	11.09.2009
34	NDR	Extra3 „Schlegl sucht die Wahrheit" (Teil 1)	Politsatieremagazin	15.09.2009

Tabelle 1: Analysierte Sendungen

4.3.2 Ergebnisse

Für die Beantwortung der Forschungsfrage wurden die Fernsehsendungen auf die Methodik ihrer Kommunikation hin untersucht. Ergänzend dazu wurden ihre inhaltlichen Aspekte hinsichtlich der drei Dimensionen Ökologie, Ökonomie und Soziales und deren Gewichtung betrachtet. Die Analyse ergibt demnach zwei Stränge der Nachhaltigkeitskommunikation (siehe Abbildung 3), wobei das WAS ihre thematischen Schwerpunkte und das WIE ihr methodisches Vorgehen umfasst. Bei der Auswertung der Daten wurde darüber hinaus auf qualitative Eigenschaften der Sendungen geachtet.

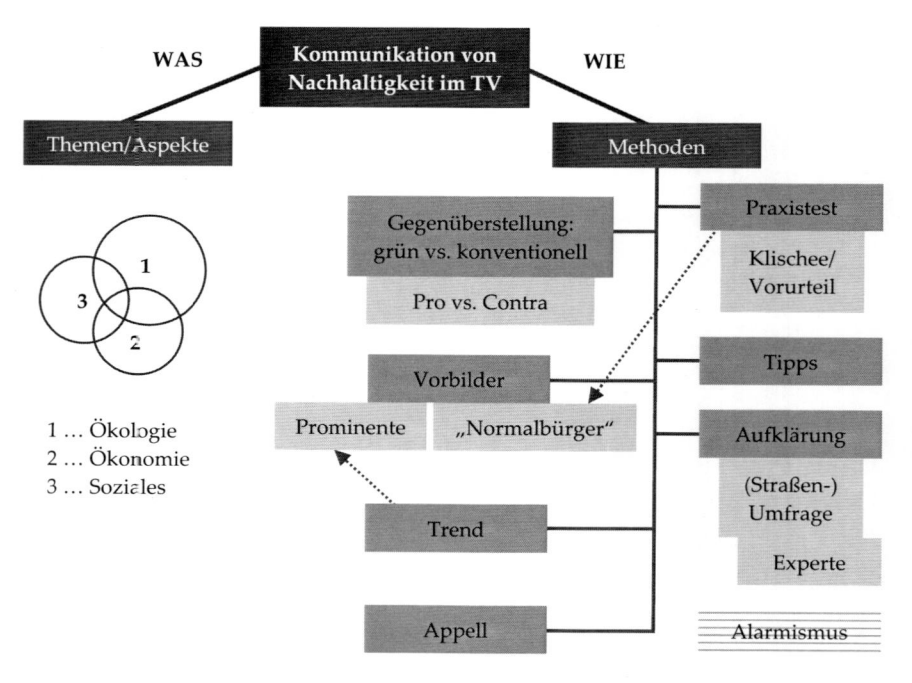

Abbildung 3: Kommunikation von Nachhaltigkeit im Fernsehen

Selbstredend besteht die Kommunikation von Nachhaltigkeit aus Themen (WAS) rund um Nachhaltigkeit. Da die Aufzählung sämtlicher Topics den Rahmen sprengen würde, sollen nur die hervorstechenden Besonderheiten erwähnt werden. Oft werden nur ein, ab und zu zwei und noch seltener alle drei Aspekte des Komplexes gleichzeitig behandelt. Am häufigsten findet der Zugang über ökologische Gesichtspunkte statt. Dementsprechend tauchen in den analysierten Sendungen folgende Schwerpunkte auf: Klimawandel, Klimaschutz, Umwelt- und Tierschutz, Naturverbundenheit, ökologischer Landbau, Recycling, Gentechnik, CO_2-Ausstoß, Erneuerbare Energien (dabei vor allem Ökostrom oder Biosprit). Des Öfteren werden hierbei Energieverschwendung beziehungsweise -sparen thematisiert. Unter der Rubrik Konsum werden Bio- und Öko-Produkte, vor allem Bio-Lebensmittel sowie Öko-Kleidung und -Kosmetik erörtert. Dass Nachhaltigkeit zuweilen auf Umweltschutz reduziert wird, ist mit der Entwicklung begründbar, die die Nachhaltigkeitskommunikation in Deutschland zurückgelegt hat. Wie in Kapitel 3.1 erwähnt, bildete sie sich aus der Umweltkommunikation heraus, sodass hier eine gewisse Vertrautheit im Umgang mit Umweltthemen vorhanden ist, die anscheinend einfacher zu veranschaulichen sind als ökonomische oder soziale Komponenten. Mit dieser Tatsache eng verknüpft ist der häufige Gebrauch des Wortes *Grün*. Inkonsequenterweise wird es sowohl zur Umschreibung ökologischer/biologischer Aspekte wie als Synonym für die *gesamte* Nachhaltigkeit verwendet.

Aus dem Feld der Ökonomie werden bevorzugt nachhaltige Banken und ethische Geldanlagen, Arbeitsplatzbelange oder Geldsparen durch nachhaltiges Verhalten angeführt. Gepaart mit der sozialen Dimension geht es überwiegend um soziale Arbeitsbedingungen und Fairen Handel. Explizit für die soziale Komponente wird das gleichberechtigte Zusammenleben, die Verantwortung für andere Menschen und das Recht auf Bildung herausgehoben. Die Integration von Nachhaltigkeit in den eigenen Lebensstil wird oft im Kontext der Vorstellung des LOHAS-Phänomens, der motivierenden Argumentation von mehr Gesundheit oder der Betonung ethisch-moralischer Verantwortung eines jeden dargelegt. Als weitere, vielmals übergeordnete Schwerpunkte lassen sich die Kritik an Greenwashing und der damit verbundenen Profitgier von Großkonzernen sowie Informationen über Gütesiegel und Zertifikate finden.

Berichte, die eine ganzheitliche Vermittlung von Nachhaltigkeit anstreben, beinhalten ausdrücklich den Zukunftscharakter und den generationenübergreifenden, globalen Gerechtigkeitsaspekt des Leitbilds. Beispielsweise werden in Dokumentationen des Themenabends von ARTE ausführlich problematische soziale, ökologische und ökonomische Auswirkungen der Globalisierung gezeigt. Als Nachhaltigkeitsakteure werden Politiker, Konsumenten, Unternehmer, Umwelt- und Verbraucherorganisationen herausgestellt.

Reduziert man die Inhalte der Sendungen auf ihre häufigsten Kernschwerpunkte, so sind dies Auswirkungen und Eigenschaften von Konsum, Ernährung, Energie und Geldanlagen. Dies ist nachvollziehbar, da Konsum einen Großteil des Alltags ausmacht. Ernährung, Energie und Geldanlagen sind dessen Hauptgegenstände und wichtige Handlungsfelder der Nachhaltigkeit. Dieser hohe Alltagsbezug liegt einerseits im Leitbild begründet und dürfte andererseits Gefühle von Nähe und Interesse bei den Zuschauern auslösen, da er für sie von hoher Relevanz ist.

Die Untersuchung des zweiten, für die Arbeit bedeutsameren Strangs (WIE) ergab sieben Hauptkategorien der methodischen Vermittlung. Diese sieben Formen werden aber nicht einzeln angewandt, sondern überschneiden sich oder werden bewusst miteinander kombiniert, um Nachhaltigkeit zu kommunizieren. Im Folgenden seien sie erläutert, zur Veranschaulichung mit Sendungszitaten unterlegt und ihr Einsatz begründet.

Gegenüberstellung

Besonders ins Auge fallend ist die Gegenüberstellung von nachhaltigen und konventionellen Aspekten. Diese bezieht sich beispielsweise auf Lebensmittel (Bio-Varianten von Fastfood, Obst und Gemüse, Eis oder Fleisch im Vergleich mit konventionellen), Handlungsweisen und Einstellungen (LOHAS, bewusster Genuss und strategischer Konsum versus Konsumverzicht), Geldanlagen oder landwirtschaftliche Vorgehensweisen (Umgang mit Tieren, Anbaukriterien, Einsatz von Dünger oder Pestiziden). Dabei werden bei Kleidung und Energie (Atomkraft versus Ökostrom, Glühbirne versus Energiesparlampe) auch Herstellungs- und Handelsbedingungen (Kinderarbeit versus FairTrade, Regionalität versus Import und höherem CO_2-Ausstoß) nebeneinander gestellt. Bei den Privatsendern wird diese Gegenüberstellung häufig als Duell deklariert. Dabei soll vermutlich unterstrichen werden, dass die biologische Alternative erst noch beweisen muss, ob sie gut genug ist und mit dem Vertrauten mithalten kann. Gleichwohl stellen auch die öffentlich-rechtlichen Sender vergleichende Fragen wie: „Aber ist Bio tatsächlich besser oder sind herkömmliche Lebensmittel manchmal auch gut genug?"

Mit der unterschiedlich ausführlichen Beschreibung dieser gegensätzlichen Standpunkte ist auch immer ein **Vergleich von Vor- und Nachteilen** verbunden. Als Pro-Argumente für biologische Lebensmittel werden besonders der bessere Geschmack, höherwertige Qualität, Freiheit von chemischen Zusatzstoffen, Schadstoffen oder gentechnischer Veränderung und damit das Plus für die Gesundheit genannt. Grüne Banken werden mit hoher Transparenz und dem Einsatz für nachhaltige Projekte (Umwelt, Bildung, Soziales) beschrieben. Ihr aktueller Gewinn und Wachstum wird mit ihren langfristigen und gläsernen Strategien erklärt, die gerade zur Zeit der Finanzkrise dem Wunsch vieler Menschen nach mehr Sicherheit und Information nachkommen. Im Zusammenhang mit dem Aufstreben der Photovoltaikbranche wird die wachsende Zahl und langfristige Sicherheit von Arbeitsplätzen herausgehoben und der Einsatz Erneuerbarer Energien als Jobmotor bezeichnet. Viele Themenfelder werden mit dem Engagement für das Gute motiviert und dem wohltuenden Gewissen, das sich aus nachhaltigen Verhaltensweisen ergibt – beispielsweise beim Konsum von Produkten, die aus artgerechter Tierhaltung stammen oder ohne Tierversuche, umweltfreundlich, sozialgerecht und fair hergestellt und vertrieben wurden. Bewusster Genuss, Entstressung, ein „besseres Leben" und Spaß mit Nachhaltigkeit stehen im Vordergrund. Betont wird das Argument, dass es ganz einfach beziehungsweise nur mit geringem Aufwand verbunden ist, sich für eine nachhaltige Lebensweise zu entscheiden.

Auf der Seite der Contra-Argumente findet sich der Verzichtsgedanke, unter anderem, wenn es um die vermeintliche Reduzierung des alltäglichen Luxus geht: Öffentliche Verkehrsmittel (ÖVM) zu benutzen, statt Auto zu fahren, weniger oder kein Fleisch zu verzehren, bei der Kleiderauswahl noch genügend ansprechende Sachen zu finden und so weiter. Bei den grünen Banken stehen niedrigere Zinsen und bei einigen Kritikern die Frage nach der Notwendigkeit von Bio-Lebensmitteln im Blickfeld. Bedeutsamstes und in fast allen Sendungen auftauchendes Kriterium ist der Preis. Er wird sowohl als Pro- und als Contra-Argument genutzt. So kosten nachhaltige Produkte meist mehr als konventionelle, was viele Menschen von einem Wechsel ihrer Kaufgewohnheiten abhält. Dagegengehalten werden Energiesparmaßnahmen (Energiesparlampe, energiesparende Geräte, Fahrrad/ÖVM/Fahrgemeinschaften statt hohe Benzinkosten, Duschen statt Baden), die als echter Gewinn für den Geldbeutel ausgemacht werden. Kerner formuliert in seiner Talkshow die Tatsache, dass der Haupthandlungsanlass nicht im Umweltschutz, sondern im eigenen finanziellen Vorteil liegt: „Mittlerweile weiß jeder: Umweltschutz ist wichtig. Und das kann sogar richtig Geld sparen. Unglaublich viel Geld und das ist nicht irgendein Geld, es ist ihr Geld."

Um die erhöhten Kosten argumentativ auszugleichen, werden andere, bereits erwähnte Vorteile wie Qualität, Geschmack und Auswirkungen auf Gesundheit und Gewissen herangezogen. Zur Überzeugung steht demnach erst der lohnende Eigennutz und danach, quasi als Nebenprodukt, der Vorteil für Natur und Mensch im Mittelpunkt. Dies lässt sich mit den Entwicklungen des Alarmismus in Verbindung bringen: Der Überflutung mit Umweltthemen und dem moralischen Zeigefinger soll mit einer motivierenden Leichtigkeit und der Verdeutlichung von positiven Handlungskonsequenzen entgegengewirkt werden. Die Methodik der Gegenüberstellung kann insgesamt als Anzeiger dafür gewertet werden, dass sich die Gesellschaft in einem Umbruch befindet. Die Zuschauer sollen ihr Gewohntes mit dem vermeintlich Neuen in direktem Vergleich gezeigt bekommen und anhand der Aufzählung vieler Pro-Argumente bestärkt werden, ihre Einstellung und ihr Verhalten zu überdenken. Der Vergleich schafft demnach eine Grundlage zur Entscheidung, da ein Maßstab für die Bewertung vorliegt. Die Hervorhebung von Vorteilen dient schlussendlich auch zur Motivation im Jetzt etwas für die Zukunft, die man selbst vielleicht nicht mehr erlebt, zu tun.

Praxistest
Praxistests werden innerhalb der analysierten Sendungen zum Beispiel in der Form durchgeführt, dass ein Reporter selbst die ökologische Lebensweise auf der Naturinsel Drachenmühle (in Vivo: „Im Einklang mit der Natur") testet. (Dies ist ein von der UN-Initiative „Bildung für nachhaltige Entwicklung" ausgezeichnetes Umweltprojekt.[206]) Des Weiteren versucht eine kritische, junge Mutter eine Woche lang konsequent nachhaltig zu leben, kauft eine vom Supermarkt überzeugte Frau zum Ersten Mal im Bio-Laden ein, probieren Sportler Bio-Fastfood und junge Frauen Öko-Dessous. Moderator Kerner unterzieht seine 1111. Sendung einem Praxistest, indem er sie „ökologisch verträglich" gestaltet und nach zehn Minuten das normale Studiolicht (400.000 Watt) auf Neonlicht (2000 Watt) zusammen mit der Einblendung „Stromsparlicht" umschaltet. Konsequenterweise reisen seine Gäste mit öffentlichen Verkehrsmitteln, zu Fuß oder mit dem Hybridauto an und Kerner trägt organische Kleidung. Laut Aussagen des Senders wurden darüber hinaus seine Moderationskarten auf Altpapier gedruckt und das Catering bestand aus regionalen und saisonalen Bio-Lebensmitteln.[207]

Die Methode des Praxistests zielt darauf ab, mit dem Ausprobieren einer neuen, alternativen Lebensweise deren Alltagstauglichkeit zu überprüfen und die Ergebnisse mit den Zuschauern zu teilen. Am Ende steht eine für die Tester oft selbst überraschend positive Beurteilung ihrer Erfahrungen, deren Glaubwürdigkeit steigt, wenn die Testperson zuvor betont skeptisch war. Praktische Veranschaulichungen dieser Art sollen zur Überzeugung führen: Es funktioniert, es ist ganz einfach, man muss auf nichts verzichten und obendrein macht es noch Spaß.

---

[206] vgl. Diepenbrock (2009), bne-portal.de
[207] vgl. ZDF (2009), jbk.zdf.de

Der Einstieg in eine Praxistestsendung geschieht häufig über das Stilmittel des **Klischees** und dem Äußern gängiger **Vorurteile**. Kerner beginnt seine Sendung mit „die Zeit, in der ein paar Ökos in Ringelsocken, Müsli essend, verbissen durch die Welt gerannt sind – die sind vorbei diese Zeiten". Hierbei wird ein bekanntes Klischee aufgenommen und sogleich entkräftet. Ebenso wie bei der Aussage einer seiner Gäste: „Öko-Mode ist überhaupt gar kein Verzicht mehr, Öko-Mode ist richtig klasse, sehr high fashion, gibt's alles."

Auch die junge Mutter, welche die einwöchige „ökologisch korrekte" Lebensweise auf ihre Eignung für den Alltag prüfen soll, äußert zu Beginn, dass sie „geglaubt" habe, dass sie sich „extrem einschränken" müsse. Doch zu ihrem eigenen Erstaunen zieht sie eine positive Bilanz. Sie ist überrascht, dass man mit wenig Aufwand viel erreichen kann und möchte in Zukunft viele „Dinge beibehalten", wie die gebildeten Fahrgemeinschaften, die Einkäufe auf dem Gemüsemarkt, die ihr „sehr viel Spaß gemacht" haben oder den Kauf der Öko-Windeln, die einen Euro günstiger, chemiefrei und biologisch abbaubar sind.

Im Einkaufstest der Sendung „Das Magazin" auf Sat.1 beginnt die Supermarkt-überzeugte Mutter ihren Einkauf mit der Einstellung, dass es im Bio-Supermarkt wesentlich teurer als im herkömmlichen ist und mit Verwunderung darüber, dass es so viele Einkaufswagen im Laden gibt: „Ich hab' jetzt gedacht, da kommt einer in 'ner grünen Schürze und fragt mich, was ich haben möchte." Beim Gemüsestand fällt ihr der starke, für sie unbekannte Geruch auf: „Es riecht anders und wahrscheinlich auch gesund." Die nicht abgepackten Tomaten fasst sie mit angewidertem Blick an und meint, sie sähen „zerrupft" aus – so als wären bereits mehrere Gäste dagewesen. Positiv angetan ist sie bei einigen Preisen, die aufgrund gestiegener Nachfrage wesentlich niedriger sind als vermutet. Beim Anblick des Obsts ist sie beeindruckt: „Ich hätte mir das schon ein bisschen schrumpeliger vorgestellt." Und auch das Fleisch findet sie ansprechend, schön frisch und rosa statt gräulich. Fazit des Tests ist die Erkenntnis, dass das frühere Klischee nicht mehr zutrifft und die Einsicht: „Wenn es um die Ernährung der eigenen Familie geht, lohnt es sich also doch ab und zu alte Gewohnheiten neu zu überdenken."

Im Boulevardmagazin „taff" des Senders ProSieben wird in einem Beitrag über „ökologisch korrekte" Accessoires zu Beginn festgestellt: „Grüner Schmuck sieht überhaupt nicht nach Jutesack aus, sondern ist glamourös und edel." Ein Ausschnitt über „grüne Promis" bezeichnet Ökologie als „vermeintlich langweiliges Thema". Im Magazin „SAM" desselben Senders vermischt sich die Verwendung von Klischees mit einem Hinweis auf mangelnde Qualität der Inhalte so deutlich, dass an dieser Stelle darauf eingegangen sei. Es beginnt mit dem Anspruch nun endlich mit „den gängigsten Klischees" aufzuräumen: „Öko trugen früher nur gammlige Hippies und Müsliesser." Daher werden Öko-Dessous vorgestellt und getestet – als „erotischste Art unser Klima zu schützen". Zwar wird mehrfach betont, dass sie schon lange nicht mehr „altbacken oder hässlich sind", sondern genauso sexy und verführerisch wirken wie normale Wäsche, aber bei Betrachtung der für den Praxistest gestellten Fragen, muss eine ernstgemeinte Auflösung von Vorurteilen angezweifelt werden. So wird gefragt: „Stinkt Öko-Unterwäsche?", „Kann man Öko-Unterwäsche essen?" und „Kommt alte Öko-Unterwäsche auf den Bio-Müll?". Die Antworten darauf lauten: „Da Öko-Unterwäsche ohne Chemie hergestellt wird, riecht sie neutral", „Ökologisch hergestellte Slips sehen zwar zum Anbeißen aus, als Belag für eine Semmel sind sie jedoch ungeeignet" und „Verrotten? Nein, der Stoff ist nicht biologisch abbaubar und gehört auch nicht auf den Bio-Müll. Wäre ja auch viel zu schade". Qualitativ leidet der Ausschnitt, da das einzige Kriterium, das die Dessous im Beitrag zur Öko-Wäsche machen, der im Jahr 1992 eingeführte Öko-Tex Standard 100 ist. Mit den Worten „übrigens immer zu erkennen am Öko-Siegel" und der Einblendung eines Etiketts mit diesem Label wird suggeriert, dass diese Kennzeichnung für ein nachhaltiges Produkt stünde. Denn im gleichen Atemzug wird behauptet, dass es „das Besondere an Öko-Dessous" sei, dass „die Höschen und BHs (…) nicht mehr von Kinderhänden in stundenlanger Sklavenarbeit hergestellt" werden. Darüber sagt dieses Label allerding nichts aus. Kritiker merken an, dass das Öko-Tex 100 Label sich nur auf das fertige Produkt bezieht und auf Grenzwerteinhaltung von Schadstoffen prüft. Bedingungen der Produktion wie soziale oder ökologische Kriterien des Rohstoffanbaus werden nicht bewertet.[208] Für deren Erfüllung wäre der Öko-Tex Standard 1000 beziehungsweise der Öko-Tex Standard 100plus nötig. Doch weder die genauere Bedeutung des Labels wird erklärt, noch warum diese Wäsche ständig als „klimafreundlich" bezeichnet wird. Ferner ist man sich im Beitrag auch uneinig, ob nun Chemie enthalten ist oder nicht. Entgegen der ersten Antwort (ohne Chemie hergestellt), wird die Aussage einer befragten Dame auf die Frage der Essbarkeit der Wäsche auch als richtig gewertet, die da lautet: „Ich würd's jetzt aber trotzdem nicht essen, weil da trotzdem irgendwie Chemie mit drin ist."

Bei diesem Beispiel ist keine ernsthafte Absicht der Überwindung von Vorurteilen zu erkennen. Wie bei den meisten Praxistestsendungen werden auch hier altbewährte Klischees zum Einstieg herangezogen, um damit bestehende Abneigungen gegen den kommenden Sendungsinhalt aufzugreifen und Menschen, die diese Einschätzung bislang teilen, anzusprechen. In der Mehrheit der übrigen Beiträge allerdings werden diese eindeutig mit Hilfe der positiven Erkenntnisse der Tester und unterstützenden Argumenten entkräftet. Daran wird deutlich, dass das alte Bild von ökologisch interessierten und aktiven Menschen abgelegt und ein neues, frisches Ansehen etabliert werden soll.

Vorbilder
Eine weitere Methode der Vermittlung von nachhaltigen Verhaltensweisen ist der Einsatz von Prominenten wie auch Personen aus dem Alltag, die aufgrund ihrer Handlungen als Vorbilder fungieren können. In der Sendungsanalyse waren es vor allem die Boulevardsendungen (auf ProSieben), die überwiegend amerikanische **Prominente** als Trendsetter zum Einsatz brachten. Leonardo DiCaprio, der versucht sein Leben „so grün wie möglich zu gestalten" und dazu auf Hybridauto, Ökohaus, Recycling und umweltfreundliche Geräte zurückgreift. Lohn seiner Arbeit ist die Anerkennung seiner Freunde und der Titel „coolster Umweltschützer der Welt". Oder Giselle Bündchen, die einen sparsamen Ressourcenumgang postuliert, Bar Rafaeli, die die Meeresküsten erhalten will, Kate Hudson,

---

[208] vgl. Katzmann/Knieli (2006), wirtschaftundumwelt.at

die eine Pflegelinie herausgeben will, die ohne Schadstoffe und Tierversuche auskommt und obendrein mit einem Teilerlös „afrikanische Wildtiere retten" möchte. Sowie Brad Pitt und Angelina Jolie, die „ebenso mit gutem Beispiel" vorangehen, indem sie „ihren Geländewagen gegen ein schadstoffarmes Auto eingetauscht" haben und „in Krisenregionen [reisen], um zu helfen". In der analysierten Ausgabe der Sendung „Eurosport for the Planet", einer neuartigen Symbiose von Sport- und Umweltmagazin, wird der englische Torhüter David James als „einer der engagiertesten Umweltschützer der Welt" bezeichnet und sein Einsatz für Straßen- und Waisenkinder in Malawi erwähnt, wie auch seine Arbeit als Teilzeitkolumnist beim Observer, in der er sich konkret zum Umweltschutz äußert. Als Auslöser seines Verhaltens nennt er den Al Gore-Film „Eine unbequeme Wahrheit" und den Appell eines Freundes, umweltbewusster zu leben. James empfindet sich selbst nicht als „Engel, (...) aber ich bin dabei mich zu verbessern". Aussagen wie diese sind gut geeignet, eine Brücke zu den vielleicht unsicheren, noch zögernden, aber handlungswilligen Zuschauern zu schlagen. Außerdem kann die Erkenntnis ermutigen, dass auch Prominente nur Schritt für Schritt Veränderungen erwirken können.

Dass Prominente zur Darstellung nachahmenswerter Eigenschaften eingesetzt werden, ist naheliegend, denn der Reiz, den sie auf Rezipienten ausüben, wird immer wieder genutzt, wenn deren Einstellungen und Verhalten in eine bestimmte Richtung gelenkt werden sollen. Am geläufigsten ist sicher ihr Einsatz in der kommerziellen Werbung zur Beeinflussung von Kaufentscheidungen. Aber auch in nicht kommerziellen, sozialen Bereichen stehen sie als Musterbeispiel für moralisch erwünschtes Verhalten. Der Deutsche Verkehrssicherheitsrat initiierte im Jahr 2007 die Jugendkampagne „Hast du die Größe? – Fahr mit Verantwortung", um mit Moderatorinnen und Moderatoren wie Sarah Kuttner, Klaas Heufer-Umlauf oder dem Model Lena Gercke an das Gewissen jugendlicher Fahrer zu appellieren. Als Sympathieträger der Zielgruppe versinnbildlichen sie verantwortungsvolles Verhalten im Straßenverkehr und verleihen rücksichtsvollem Umgang einen positiven Wert.²⁰⁹ Auch die DKMS setzt in ihrem Kampf gegen Leukämie auf prominente Unterstützung. In mehreren Plakat-Kampagnen warben Sängerin Sarah Connor und Sportler wie Miroslav Klose, Lukas Podolski und Oliver Bierhoff für die Registrierung zur Knochenmarkspende.²¹⁰ Dementsprechend lassen sich Prominente auch zur Motivierung zu nachhaltigem Handeln als Vorbilder nutzen. Für das Überdenken des eigenen Konsumverhaltens setzt sich Schwimmerin Franziska van Almsick (Schirmherrin der „fair feels good"-Kampagne) ein: „Wenn ich fair gehandelte Produkte kaufe, fühle ich mich gut. Es ist mir wichtig, dass die Menschen, die meinen Kaffee herstellen, unter fairen Bedingungen arbeiten und dass sie nicht ausgebeutet werden."²¹¹ Auch das Deutsche Ministerium für Umwelt (BMU) engagierte Fernseh-Prominente wie Moderator Markus Kafka und TV-Köchin Sarah Wiener als Klima-Botschafter.²¹² Hierbei wird darauf vertraut, dass berühmte Menschen – wie in der Prominenz- und Starforschung beschrieben – eine wichtige Vorbildfunktion besitzen können. Auf der Suche nach Informationen und glaubwürdigen Idealen orientieren sich Zuschauer auch an ihnen als Meinungsführer. Das heißt, sie unterstellen ihnen ein gewisses Expertentum, schenken ihnen Vertrauen, akzeptieren sie als Ratgeber und orientieren sich an deren Vermittlung von Werten und Lebensstilen. Dienen die Handlungen der Prominenten einer stellvertretenden Befriedigung von Wünschen und Bedürfnissen, ist eine Identifikation mit ihnen und eine Nachahmung ihres Verhaltens wahrscheinlicher.²¹³

Da Prominente oft Privilegien genießen, die einem **Normalbürger** fremd sind, kann es manches Mal effektiver sein, einen Ottonormalverbraucher stellvertretende Erfahrungen machen zu lassen. In den ausgewerteten Sendungen kommen oft junge Menschen und Eltern vor. Wie

---

[209] vgl. Kellner (2008), dvr.de
[210] vgl. DKMS (2008), dkms.de
[211] Almsick in RNE (2008), S. 15
[212] vgl. GoSee (2009), gosee.de
[213] vgl. Wippersberg (2007), S. 265 ff.

zum Beispiel eine junge Frau (im ZDF-Beitrag „LOHAS und ihr grüner Lifestyle"), die schon viel über LOHAS gelesen hat, aber die meisten ihrer Kleidungsstücke immer noch „made in China oder Bangladesch" sind. „Das will sie nun ändern." Sie recherchiert im Internet nach Alternativen und besucht eine Designerin, „die Kleidung aus Strick, nach den Prinzipien von LOHAS" entwirft. „Die Wolle kommt von norddeutschen Schafen, gefärbt wird ausschließlich mit Naturfarben und per Hand gefertigt in sozialgerechten Strickereibetrieben." Die junge Frau findet die Preise zwar „gepfeffert", aber betont: „(...) dafür geht es den Leuten gut, die dahinter stecken und ich denke, dann kann ich die mit 'nem gutem Gewissen tragen" und kauft ein Kleidungsstück.

Auch die Designerin kann hier in ihrer Rolle als Unternehmerin die Bedeutung eines Vorbilds einnehmen: „(...) wirklich aus dem Innersten geht es mir darum, verantwortlich zu sein und eben auch etwas zu bewirken. Nicht einfach nur irgendwas zu machen, um Geld zu verdienen, sondern was zu bewirken." Dies lässt sich auch auf die vielen Bio-Bauern übertragen, die ihre Höfe beispielsweise „streng nach Demeter-Richtlinien" bewirtschaften, den respektvollen Umgang mit ihren Tieren betonen und von der Freude berichten, die es ihnen bringt, wenn sie auch mal außergewöhnliche Pflanzen anbauen. Überzeugen kann (in „Vivo: Is(s)t Bio besser?") auch Bauer Karl Ludwig Schweisfurth, der ehemalige Besitzer eines „der größten fleischverarbeitenden Unternehmen Europas" – dem Hertha-Konzern. Damals ging es ihm darum, „mit Tieren Profit zu machen", doch nachdem seine Kinder ihm „kritische Fragen zum Sinn des Lebens gestellt" haben, besann er sich und verkaufte seine Firma. Er wagte den Neuanfang, „so wie ich mir Landwirtschaft vorstelle, so wie ich mir Lebensmittel vorstelle (...) handwerklich, ökologisch, regional". Vermittelt wird hier die Erkenntnis, dass auch eine späte Einsicht möglich ist, dass es lohnenswert ist, Mut aufzubringen, seinem Gefühl zu vertrauen und einen eigenen Beitrag zur nachhaltigen Entwicklung zu leisten.

Ebenfalls vorbildhaft wirken die Bewohner der Naturinsel Drachenmühle, die versuchen, konsequent „nachhaltig zu leben" – im Einklang mit Natur, Mensch und Tier. Oder die in der Sendung „bauerfeind" gezeigten Initiatoren des ersten deutschen Carrotmobs in Berlin. Gemeinsam mit Bürgern aus der Umgebung starten sie einen unerwartet großen Kauf-Ansturm auf einen Spätshop, der zuvor auf die Bedingung eingegangen war, einen festen Anteil seines Gewinns in den umweltfreundlichen Umbau seines Ladens zu investieren. Ein weiteres gezeigtes Beispiel handelt von einem Mann (in ZDF: „Heute"), der seinen Stromanbieter „zu einem reinen Ökostromanbieter, weg von Vattenfall" wechselte, da er sich unzureichend informiert fühlte von einem Unternehmen, das eine „Risikotechnologie" betreibt, „die ja nun wirklich nicht vergleichbar ist mit einer Molkerei". Oder ein junger Vater (in NDR: „Markt"), der sich um die Zukunft seiner Kinder sorgt und für sie Geld „rentabel", „langfristig" und verantwortungsvoll anlegen möchte, aber noch keine genaue Vorstellung hat, in welcher Form. Nachdem verschiedene nachhaltige Möglichkeiten einer Geldanlage vorgestellt wurden, ist er vom Konzept überzeugt und „will jetzt in einen grünen Fond investieren". Und wie bei der jungen Mutter, die im Praxistest ihr Leben umstellt, sind Kinder oft Auslöser für (anhaltende) Veränderungen. Wenn Eltern sich ihrer Verantwortung für (ihre) zukünftige Generation bewusst werden, sind sie eher bereit, Ungewohntes zu probieren. Viele, die „das Beste" für ihr Kind wollen, wählen den Einstieg über das Thema Ernährung. Ganz wie es Schlegl in seiner Rolle als werdender Vater (in seiner Sendung „Schlegl sucht die Wahrheit") formuliert: „(...) ist unser Kühlschrank wohl eher eine moderne Lebensmittelmüllhalde. Das kann ich unserem Kind wohl nicht anbieten. Schließlich soll es gesund aufwachsen, (...). Ab jetzt wird alles anders." Daher will er sein „Leben komplett umkrempeln und (...) mit der Ernährung anfangen". Die Identifikationsmöglichkeit dürfte hier für Eltern sehr hoch sein. Gerade die junge Generation scheint im Fokus der Ansprache zu stehen, da ihnen – als bedeutsame Träger des gegenwärtigen Wandels und Vorbilder ihrer Nachkommen – Offenheit, Lust an Neuem und Experimentierfreude zugestanden wird.

Die Vorbildwirkung von Normalbürgern auf Zuschauer, das heißt der Anreiz zum Überdenken von Einstellungen und Verhaltensweisen bis hin zur Nachahmung, basiert auf mehreren Punkten. Zunächst dürften sich einige wiedererkennen: ähnliche Lebensumstände, Überlegungen und der Wunsch etwas zu verändern ohne genaue Vorstellung davon, wo anzufangen sei. Diese Nähe, die Personen des Alltags deutlich besser generieren können als Promiente, wird durch das Teilen der gemachten Erfahrungen noch verstärkt. Wenn dann noch nachvollziehbare Bedenken ausgeräumt, Lösungsvorschläge unterbreitet werden und gezeigt wird, wie einfach und zufriedenstellend eine Veränderung ist, dürfte das ein motivierender Anstoß sein. Nachhaltigkeit wird hierbei personalisiert und über Beispiele verschiedener Lebensstile greifbarer gemacht als dies bei nüchterner Erklärung des Leitbilds möglich wäre. Psychologischer Hintergrund der Vorbildwirkung geht auf Überlegungen des Modelllernens (sozial-kognitive Lerntheorie von Bandura) zurück. Trifft das Zeigen positiver und negativer Auswirkungen von Verhaltensweisen auf die Einschätzung des Zuschauers, dieses Zielverhalten selbst realisieren zu können, steigt die Wahrscheinlichkeit das mediale Vorbild nachzuahmen.[214]

Als Vorbilder können auch Institutionen, Städte oder Länder dienen. In der 3Sat-Sendung Vivo: „Is(s)t Bio besser?" wird der Kindergarten Biokids in München vorgestellt, in dem aufgrund einer Elterninitiative alle Mahlzeiten auf frisch zubereitete Bio-Kost umgestellt wurden. Neben dem Aspekt eines gesunden, vielfältigen und qualitativ hochwertigen Essens soll den Kindern durch Einkäufe im Bio-Laden und gemeinsames Kochen die spielerische Verantwortungsübernahme für ihre Ernährung beigebracht werden. Nach zwei Jahren dieser Umstellung berichtet eine Mutter freudig, dass ihr Sprössling bei der Wahl zwischen Obst und Süßigkeiten lieber zum Obst greife. Auch Probleme mit Übergewicht sind verschwunden. Ein solches Beispiel kann sowohl andere Eltern anregen, eine ähnliche Initiative zu starten wie auch andere Einrichtungen, dieses Konzept zu übernehmen. In der Sendung von Kerner wird Tübingen als städtisches Vorbild herangezogen, und ihr „ökologisch korrekter Bürgermeister" kommt zu Wort. Nachhaltige Projekte werden vorgestellt, die auch andere Stadtväter interessieren dürften. Vor allem, wenn erneut das Argument der langfristigen Einsparungen und der staatlichen Zuschüsse

---

[214] vgl. Garsoffky (2008), S. 161 ff.

für derartige Initiativen herausgestellt wird. Und auch Deutschland wird in der Sendung als globales Vorbild präsentiert: als einziges Land, das die Kyoto-Ziele einhält und als Weltmarktführer der Photovoltaikbranche.

Trend
Gern wird auf die wachsende Nachfrage an nachhaltigen Alternativen hingewiesen. Sehr viele Sendungen beginnen ihren Beitrag mit Worten wie „Bio liegt ja voll im Trend", „keine Frage: Bio boomt", „trotz Wirtschaftskrise, eine Branche boomt (...): der Handel mit sogenannten Fair-Trade-Produkten", „kaum eine Branche boomt in den letzten Jahren so wie die Solar- und Photovoltaik" oder „ökologisch korrekte Accessoires liegen voll im Trend". Auch die ständig steigende Nachfrage nach Biodiesel wird erwähnt, die Tatsache, dass sich ein „Großteil der Bevölkerung" für Ökostrom und grüne Geldanlagen interessiert und dass auch Eisdielen „mit dem Trend" gehen und eine Bio-Alternative anbieten. Boulevardsendungen (wie ProSieben: „taff") machen den Trend dabei an Prominenten fest: „Cosma Shiva Hagen ist (...) trendy und achtet ebenso wie Moderatorin Johanna Klumm und Musiker Thomas D. genau darauf, was sie anzieht." Deren Shirts, aus 100 Prozent Bio-Baumwolle, fair produziert und einen Anteil des Kaufpreises in ein wohltätiges Projekt fließend, lassen alle Träger in den Genuss eines „reine[n] Gewissen[s]" kommen. „Benzinfressende Riesenkutschen fahren (...) ist bei den Promis mittlerweile total out" und „grün ist selbst im oberflächlichen Hollywood zurzeit total in", da DiCaprio mit seinem Film „The 11th Hour" aus „Ökologie eine Trendbewegung gemacht" hat.

Die Darstellung von Trends vermag Menschen zum Mitmachen zu motivieren, die gern an einer aktuellen Bewegung partizipieren und zur bereits aktiven Masse dazu gehören wollen. Darüber hinaus kann die Betonung des Erfolgs nachhaltiger Verhaltensweisen, Produkte und Maßnahmen auch zur Überzeugung beitragen, dass es sich nicht um ein Nischen-Phänomen, sondern eine ernst zu nehmende gesellschaftliche Entwicklung handelt.

Tipps

Viele Sendungen versuchen den Zuschauern mittels konkreter Tipps eine Hilfestellung an die Hand zu geben. Einerseits soll gezeigt werden, womit jeder beginnen kann, etwas zu verändern: Öffentliche Verkehrsmittel nutzen, zu Ökostrom wechseln, recyceln, Bio-Lebensmittel konsumieren, in Hofläden einkaufen, saisonale, regionale und FairTrade-Produkte bevorzugen, auf Rindfleisch verzichten oder ganz vegetarisch leben. Andererseits steht das Geldsparen durch nachhaltiges Verhalten im Vordergrund. Kerner möchte „ein paar ganz einfache Tipps weiterreichen. Es ist nämlich erstaunlich, wie viel Energie und eben damit auch bares Geld man sparen kann, wenn man sich an die einfachsten Dinge hält." Zum Beispiel beim Einsatz einer Energiesparlampe, deren Preis sich nach einem Jahr amortisiert. „Dann beginnt die Zeit, wo ich richtig Geld verdiene damit." Beim Kauf von Geräten sollte auf deren Energieeffizienzklasse (mindestens A++) und beim Gebrauch auf das Ausschalten, statt des Belassens im Standby-Modus („Zehn Watt sind 15 Euro Stromkosten im Jahr") geachtet werden. Allerhand Haushaltstipps folgen (keine Kochwäsche, möglichst keinen Trockner benutzen, Induktionsherde bevorzugen, Wasser im Wasserkocher statt im Topf erwärmen und vieles mehr). Auch bei Ökostromtarifen wird darauf hingewiesen, dass diese „oftmals sogar günstiger als die Standardtarife der lokalen Versorger" sind (ZDF: „heute").

Tipps bieten demnach eine handfeste Anleitung zur Verhaltensänderung. Beziehen sie dazu noch positive Effekte für den Handelnden in ihre Argumentation ein, steigt ihr Überzeugungspotential.

Aufklärung

Bei der Aufklärung geht es um die Darbietung von Informationen zur Erweiterung des Wissens der Zuschauer. Offensichtlich ist es erforderlich sowohl ein Verständnis für die einzelnen Anwendungsfelder von Nachhaltigkeit aufzubauen als auch Vorurteile und Falschinformationen auszuräumen, um im Anschluss das gesamte Leitbild erfahrbar zu machen.

Begonnen wird nicht selten mit einer **Straßenumfrage**, um den gegenwärtigen Wissenstand zu überprüfen. „Wie lässt sich Energie sparen?", „Können Sie (...) die Bedeutung des Begriffes LOHAS erklären?" oder über das Nachhaken, in welchen Fällen sich der Konsum von Bio-Produkten lohnt, was Bio-Produkte überhaupt ausmacht, welche Bedeutung und Glaubwürdigkeit bestimmte Bio-Siegel haben und was die Eigenschaften von Öko-Kleidung sind. Die darauf abgegebenen Antworten unterstreichen in der Mehrzahl der Fälle sehr anschaulich, wie dringend eine Aufklärung erforderlich ist. Um die bestehende Unwissenheit zu beseitigen, werden die Informationen in verschiedenen Formen vermittelt. Beispielsweise werden **Experten** zu Rate gezogen, die in kurzen Worten den betreffenden Sachverhalt erläutern. Darunter sind Klimaexperten, Umweltpolitiker, Ernährungswissenschaftler, Unternehmer, Bauern, Aktionisten, Berater verschiedener Umwelt- und Verbraucherschutzorganisationen und Stiftungen (IMUG, Foodwatch, Stiftung Warentest, Öko-Test, Verivox, BUND, Greenpeace), UN-Mitarbeiter, Autoren oder Journalisten. Auch werden Personen des Alltags dabei begleitet, wenn sie Dinge ausprobieren und dabei zu Wissen und Erkenntnissen gelangen (siehe Praxistest) oder als Alltags-Experten ihrer täglichen Arbeit nachgehen.

Es wird unter anderem erklärt, was die Unterschiede zwischen konventionellem und biologischem Landbau ausmachen, worauf und wie oft staatliche Kontrollen prüfen, was nachhaltige Geldanlagen auszeichnet, warum eine Dachbegrünung sinnvoll ist, warum die Glühbirne abgeschafft und gegen Energiesparlampen getauscht wird. Ebenso wird diskutiert, was die Einführung der Ampelkennzeichnung für Lebensmittel bringen würde und warum sie bisher nicht gesetzlich vorgeschrieben ist oder was die Bemühungen des amerikanischen Agrarkonzerns Monsanto betreffen, mit Patenten auf Schweinezuchtverfahren (ethisch höchst umstrittene „Patente auf Leben") Landwirte weltweit unter Druck zu setzen.

Neben der Erklärung des LOHAS-Phänomens wird dieses auch kritisch beleuchtet. So moniert eine Marketingexpertin, die eine Studie über LOHAS durchführte (in ZDF: „Sonntags"): „Ich will das Beste aus zwei Welten. Ich will den Lifestyle haben, mit allem was dazu gehört und gleichzeitig will ich das Gefühl haben, ein guter Mensch zu sein und ganz viele Karmapunkte zu sammeln. Das geht nicht zusammen." Ihrer

Ansicht nach ist diese Einstellung zu egoistisch und bewusstes Einkaufen nicht genug, um „sich als Weltretter zu fühlen". „Die ganzen Aktivisten, die tun was. Und die LOHAS-People, die reden und kaufen. Und wenn's ans Tun geht, wobei das Tun ja vor allen Dingen das Verzichten ist, das tun sie eher nicht."

Da sich viele Verbraucher von der Bio-Siegel-Masse überfordert fühlen, wird diesbezüglich oft Stellung genommen. Es wird dargelegt, was die verschiedenen Label bedeuten und worüber sie keine Aussagen treffen. „Bio ist nicht gleich Bio" – so gibt es Unterschiede zwischen dem staatlichen/EU-Bio-Siegel und denen von Anbauverbänden. Das betrifft beispielsweise Vorgaben zum Düngereinsatz oder zur Anzahl der erlaubten Zusatzstoffe (EU: 47, Bioland: 22, Demeter: 12). Auch bei der Wahl eines Ökostrom-Anbieters sollte auf ein verlässliches Siegel geachtet werden. Von RECS-Zertifikaten, die von einigen genutzt werden, wird in der ZDF-Sendung „Wirtschaftswunder" abgeraten: „Dieses System wird kritisiert, weil es letztendlich nichts anderes macht als Graustrom, also Strom aus Atomkraft und Steinkohle und Braunkohle umzuetikettieren in Ökostrom". Besser seien unabhängige Gütesiegel wie das ok-power Label oder das Grüner Strom Label.

Unter die Lupe genommen wird auch das Siegel von Öko-Test, das Produkte zwar auf ihren Schadstoffanteil überprüft, aber die Bedingungen der Herstellung außen vor lässt. Obwohl Verbraucher von einem solchen Label auch ökologische Bewertungskriterien erwarten (wie die Straßenumfragen ergeben), können auch konventionelle Produkte, die beispielsweise aus Massentierhaltung stammen, das Siegel tragen.

Aufklärung benötigen viele Konsumenten auch, um Werbeaufdrucke von echten Siegeln zu unterscheiden. Daher wird – wie hier in der NDR-Sendung „Markt: Abzocke mit Bio-Labeln?" – explizit vor Greenwashing-Methoden gewarnt: „Grün ist die Lieblingsfarbe der Industrie. Bio hier, Öko da. Die Hersteller etikettieren ihre Produkte voll im Ökotrend. (...) Oft steht Bio nur drauf, um den Preis in die Höhe zu treiben, denn Bio lockt Kunden." Während die Bezeichnung Bio im Lebensmittelbereich nach festen Kriterien geschützt ist, gilt dies für andere Konsumgüterbereiche nicht, sodass sich dort nach Lust und Laune des Begriffs zur „Grünfärberei" der Produkte bedient wird. Wie bei Henkels Terra Activ, dem als Bio-Reiniger beworbenen Putzmittel. Schließlich lautet der Slogan „auf Basis nachwachsender Rohstoffe". Dass der Hauptbestandteil Palmöl ist, der oft in ausländischen Monokulturen angebaut wird, soll das RSPO-Zertifikat wettmachen, da es für „nachhaltigen Anbau" stünde. Greenpeace hingegen bezeichnet RSPO, eine „Industrie-Initiative ohne unabhängige Kontrolle" als „grünes Feigenblatt für die Unternehmen" und fordert ein Stopp der Regenwaldabholzung für Palmölplantagen. Lieber solle man sich auf das offizielle Gütesiegel, die sogenannte Euroblume verlassen. Auch bei Haarfärbemitteln werben Unternehmen mit „reinen Naturextrakten", „biologisch angebautem Tee" oder „80 Prozent naturbasiert". Aussagen wie diese hören sich zwar gut an, „täuschen aber darüber hinweg, dass chemische Stoffe wie Diamine oder Resorcin, die Allergien auslösen können oder unter Krebsverdacht stehen, dann in diesen Produkten enthalten sind". So werden „Verbraucher mit der Natur irregeführt". Besser beraten ist man mit den gültigen Zertifikaten für Naturkosmetik: ECOCERT, BDHI, Demeter oder NaTrue. Für Textilien garantiert das GOTS-Zeichen (Global Organic Textile Standard) „echte Öko-Qualität". Die Handelskette H&M, die letztes Jahr zwei GOTS-zertifizierte Produkte im Sortiment hatte, verwendet meist ein „selbstgestaltetes Logo für Bio-Baumwolle". Ebenso wie C&A. Beide zählen sich „zu den größten Abnehmern von Bio-Baumwolle. Weltweit macht Bio allerdings gerade einmal 0,2 Prozent aus – und das ist nur der Rohstoff." Ferner sagen die Eigenetiketten nichts über Herstellungs- und Verarbeitungsprozesse aus. Da C&A seinen Kunden Bio-Kleidung zum selben Preis wie konventionelle Ware anbieten will, hat sich der Konzern „bewusst dafür entschieden, Bio-Standards nicht auf die gesamte Verarbeitungskette anzuwenden". Fazit des Beitrags auch hier: „Vorsicht bei selbst entworfenen Etiketten und Siegeln."

Zu dem wachsenden Angebot an Bio-Produkten in Discountern wird (in Phoenix: „betrifft") angemerkt, dass auch Supermärkten aufgefallen sei: „Mit Bio lässt sich Geld verdienen." Zu ihrem Angebot gehören vor allem „Artikel, die in großen Mengen relativ einfach zu beschaffen sind – so lohnt sich das Geschäft". Um die wachsende Nachfrage zu befriedigen und dem Preisbewusstsein der Kunden zu entsprechen, hat nun auch im Bio-Bereich die Massenproduktion Einzug gehalten. Darüber hinaus werden zahlreiche Bio-Produkte aus dem Ausland importiert.

Aufgeklärt wird auch über Auswirkungen der Globalisierung. Beispielsweise (in ARTE: „Hühner für Afrika") darüber, was mit dem „Überschuss" der Massenproduktion von Hühnern der Industriestaaten geschieht. „Ausgediente Käfighühner" oder Hühnerteile, die nicht zum „Brustfilet, [dem] Inbegriff gesunder Ernährung wellnessbewegter Menschen" gehören, gelangen nach Afrika. Dort ruinieren sie Geflügelfarmer, da deren Hühner doppelt so teuer sind wie die importierten. Für Farmer und Futterhersteller bedeutet das Arbeitslosigkeit, Armut und Hunger. Bemühungen des Landes, die Einfuhrzölle zu erhöhen, um diesen Entwicklungen Einhalt zu gebieten, resultierten in Drohungen der Weltbank und des Währungsfonds mit Kürzung von Hilfsgeldern. Auch die Hintergründe der Biosprit-Herstellung werden beleuchtet (in ARTE: „Die Biosprit-Lüge"): Dafür entstehen in Entwicklungsländern wie Indien und Indonesien Palmölmonokulturen. Regenwald muss weichen und Menschen verlieren ihre Lebensgrundlage. Die Anbaufläche für Nahrungsmittel wird in diesen Gebieten immer kleiner, sodass seit 2006 sogar Reis importiert werden muss, um die Bevölkerung zu versorgen. Das bedeutet im Grunde, dass „dort Menschen hungern, während wir hier das Gefühl haben, etwas Gutes zu tun, wenn wir Biosprit tanken." Es wird erläutert, wie EU-Subventionen oder das Erneuerbare-Energien-Gesetz daran beteiligt sind, diese Entwicklungen zu unterstützen.

Der Film „We feed the World" behandelt die Zustände in der Nahrungsmittelindustrie: Berge von Lebensmitteln werden weggeschmissen, denn deren Preise liegen unter denen von Streusplitt; Landwirte geben ihre Betriebe auf. „Das müssen die Leute wissen. Es sollte einen gerechten Preis für unsere Produkte geben. Und net nur immer sagen, das Schnitzel darf nur noch zwei Euro kosten und dann wundern sich alle Leute, warum wir Tierfabriken haben mit 20.000 Schweinen." Die Zustände in Massentieranlagen und das Vorgehen der EU, Sektoren wie den Fischfang zu industrialisieren, um mehr Profit herauszuschlagen, werden ebenso angesprochen wie Treibhausgemüse aus Spanien, Italien oder

Israel, Hybridsaatgut und die katastrophalen Konsequenzen der Ex- und Importe von Lebensmitteln sowie das „Dumping" und die „Zerstörung der Agrarwirtschaften". Es wird darüber aufgeklärt, dass, obwohl Brasilien eines der reichsten Agrarländer und größter Sojaexporteur ist, viele Einwohner Armut und Hunger leiden. „Europa importiert 90 Prozent Soja für die Masttierfütterung aus Übersee. Europa verbrennt Mais und Weizen zur Stromerzeugung." Fazit des UN Sonderberichterstatters für das Menschenrecht auf Nahrung: Die Weltlandwirtschaft könnte ohne Probleme zwölf Milliarden Menschen ernähren, „das heißt, ein Kind, das an Hunger stirbt heute, wird ermordet".

Zur Veranschaulichung derartiger Fakten werden stark emotionalisierende Bilder eingesetzt. Allerdings liegt die visuelle Aufrüttelung im Geschehen selbst und kann daher nicht den Mitteln des Alarmismus zugeordnet werden. Vielmehr zielt die Aufklärung auf das Verantwortungsgefühl der Zuschauer ab, mit dem neu erlangten Wissen nicht mehr so weiter zu agieren wie bisher. Informative Beiträge bieten dabei immer eine zwei- oder mehrseitige Betrachtung eines Themas, sodass von einer echten Möglichkeit zur Meinungsbildung gesprochen werden kann.

Appell

Einige Sendungen appellieren direkt an die Zuschauer und motivieren zur Veränderung von Gewohnheiten oder Beteiligung an der Trendbewegung. Sätze wie „wir sind die Verbraucher, wir haben (...) die Macht was zu verändern", „jeder fünf-Euro-Schein ist ein Wahlzettel und du entscheidest damit was" oder Begründungen wie „[das] sind wir (...) den Tieren schuldig" sollen das eigene Verantwortungsgefühl stärken. „Boykottieren war gestern" – heute gilt es, bewusst zu konsumieren, getreu dem Motto „Tue Gutes mit deinem Geld". Ebenso wird betont, wie wichtig es ist, sich vorher gründlich über Gütesiegel zu informieren und Angebote zu vergleichen. Übergreifend gilt es, nicht alle politischen und wirtschaftlichen Entscheidungen unbesehen hinzunehmen, sondern sie auf ethisch-moralische Kriterien zu prüfen.

Um Unsicherheiten zu beseitigen und die Zuschauer zu ermutigen, wird häufig das Prinzip der kleinen Schritte erwähnt: „Wer die Welt verändern will, muss irgendwo anfangen", „Jeder muss immer den ersten Schritt tun", „mit kleinen Dingen kann man wirklich viel bewegen", „jeder Schritt ist wichtiger Schritt" und „jeder kann mitmachen". Auch Kerner schließt seine Sendung mit den Worten: „Wir können nur alle gemeinsam etwas erreichen. Das Denken muss sich ändern, unser aller Denken." Die Betonung liegt demnach auf der Verantwortung eines jeden Einzelnen und dem Erreichen der Nachhaltigkeit in gemeinsamer, stetiger Veränderung.

Alarmismus
Bei der Recherche nach Sendungsmaterial fiel auf, dass typische Vertreter des Alarmismus schwer zu finden sind. Waren in den Vorjahren noch verstärkt Katastrophenfilme wie „The Day After Tomorrow", „The 11th Hour" oder die Sat.1-Eigenproduktion „Die Hitzewelle – Keiner kann entkommen" zu sehen, wird die angstvolle, übertreibende Darstellung meist nur noch in Magazinen und Nachrichten, selten in Dokumentationen der Privatsender benutzt. Das in der Analyse vorkommende Beispiel „Klimakatastrophe: 6 Grad, die die Welt verändern" (USA 2007, gesendet auf N24) bedient sämtliche in Kapitel 3.2.2 aufgeführten Stilmittel. In erster Linie auf die Dimension Umwelt ausgerichtet, bilden Schlagworte wie „globale Erwärmung", „Supersturm", „Hitzewelle", „Zerstörung", „Todesopfer" und außerordentlich viele Spekulationen über zukünftige Horrorszenarien den Rahmen. Die „verheerenden Folgen" werden in emotional ansprechenden Filmaufnahmen und Animationen visuell ausgeschmückt. Wetterextreme, die zum Normalzustand werden sollen, bringen Klimaflüchtlinge, Trinkwassermangel, Überflutung vieler Städte, „Massensterben" und schließlich die „globale Auslöschung" mit sich. Auf diese Schreckensszenarien folgt ein kurzer, oberflächlicher Lösungsansatz: „Energieeffizienz ist die schnellste und billigste Art, das Klimaproblem zu lösen, Geld zu sparen und die Welt sicherer, reicher, fairer und kühler zu machen."

Dass diese Kommunikationsmethode ihren Einfluss verloren hat, scheint sich zu bestätigen. Die Übersättigung mit Aufbereitungen dieser Art, ihr demotivierender Charakter und ihre Eindimensionalität werden dem Nachhaltigkeitsgedanken nicht gerecht. Sendungen, die alle Nachhaltigkeitsaspekte einbeziehen und auf alarmistische Weise agitieren, wurden bei der Recherche nicht gefunden.

4.3.3 Einschätzung

Die eingesetzten Kommunikationsmethoden erscheinen passend, um eine Auseinandersetzung mit dem Leitbild zu ermöglichen. Mit der Gegenüberstellung von konventionellen und nachhaltigen Sachverhalten, Praxistests, konkreten Tipps und aufklärenden Fakten werden Informationen und Wissen vermittelt, Meinungsbildung ermöglicht, Vorteile einer Orientierung an sozialen und ökologischen Werten aufgezeigt und Handlungsvorschläge gegeben. Gemeinsam mit dem Appell beabsichtigen sie, Einfluss auf Einstellung und Verhalten der Rezipienten zu nehmen. Das mediale Selektionskriterium der Aktualität wird über die Betonung des Trends und den wiederholten Verweis auf den gegenwärtigen Boom der nachhaltigen Bewegung bedient. Ebenso kann das Kriterium der Identifikation über die Personalisierung einzelner Leitbildaspekte erfüllt werden. Hierzu werden emotionale Bilder aus Reportagen oder Vorbilder aus dem Alltag und den Medien eingesetzt. Während Prominente eher zur Veranschaulichung eines Lifestyles fungieren, können Normalbürger Nähe zu Zuschauern herstellen, wenn sie ihnen ähnlich sind und sich in vergleichbaren Lebenssituationen befinden.

Zur gestalterischen Aufbereitung der Beiträge bleibt festzuhalten, dass sie (wenn sie nicht gerade ernste und aufrüttelnde Botschaften transportieren) einvernehmlich in moderner, frischer, lockerer Art gestaltet sind. Musikalische Untermalung, naturverbundene, alltägliche Schauplätze und mehrheitlich sympathische Moderatoren unterstützen die Leitbildvermittlung. Darüber hinaus lassen sich zu jeder (einzelnen) Dimension der Nachhaltigkeit Berichte finden, die einen Einblick in den Komplex ermöglichen. Wichtig ist auch, dass Nachhaltigkeit durchweg mit einer positiven Bewertung kommuniziert wird.

Allerdings herrschen, wie bekannt, deutliche qualitative Unterschiede zwischen den öffentlich-rechtlichen und privaten Fernsehanbietern. Zunächst einmal lässt sich feststellen, dass sich Programmverantwortliche und Redakteure der öffentlich-rechtlichen Sender nicht an der Einschätzung zu beteiligen scheinen, dass der Begriff Nachhaltigkeit für das TV ungeeignet ist. In 13 der 34 Sendungen wurde das Wort *Nachhaltigkeit, nachhaltig, zukunftsfähig* oder *Zukunftsfähigkeit* explizit verwendet. Darunter sind jedoch keine Sendungen der Privaten. Während bei diesen vermutlich eine Überforderung der Zuschauer vermieden werden soll, wird bei den Öffentlich-Rechtlichen von einem Vorwissen der Rezipienten ausgegangen und der Begriff ganz selbstverständlich verwendet. Ein Mal wurde er während eines Gesprächs anhand von Beispielen erläutert und ein anderes Mal wurde er von einer Unternehmerin (in ZDF: „Kerner) definiert: „Nachhaltigkeit ist, wenn wir drei Dinge unter einen Hut bringen: nämlich Wirtschaftlichkeit, Ökologie und Soziales. (...) Heute nicht auf Kosten von morgen und hier nicht auf Kosten von anderswo."

Darüber hinaus ist bei den Privaten der implizite Rückschluss auf das Leitbild oft nur sehr schwer für den Zuschauer nachvollziehbar, da die Themen (Umweltschutz, Bio-Lebensmittel, Bio-Kleidung) einzeln und ohne Hinweis auf die Ganzheitlichkeit des dahinterstehenden Konzepts behandelt werden. Hinzu kommt, dass die Sendungen gemäß ihres journalistischen Anspruchs mit der Nachhaltigkeitsvermittlung ebenso nachlässig umgehen wie mit allen anderen Themen. Begriffe wie *Bio* und *Öko* werden ohne genauere Erklärung beliebig verwendet (obwohl sie ausschließlich für Produkte stehen, die nach strengen Kriterien der ökologischen Landwirtschaft erzeugt wurden), was eher zu einer Verwirrung des Zuschauers führt als zu seiner Aufklärung. Die häufige Wiederholung von (Schlag-)Worten (beispielsweise die neunmalige Nennung des Wortes *Grün* in einem drei-Minuten-Beitrag) kann darüber hinaus störend und langweilend wirken oder gar eine Abwehrhaltung auslösen, anstatt eine Verhaltensänderung zu motivieren. Klischees werden teilweise aufrechterhalten, Fakten ungenau dargestellt und das oberflächliche Niveau der Vermittlung scheint relativ unwirksam für einen Anstoß zum Überdenken eigener Einstellungen zu sein. Das Angebot von Pro-

Sieben zum Tag der Erde, als sich der Sender unter dem Motto „Green Seven" für einen halben Tag dem Umweltschutz widmete, ist ein Beispiel für den dringenden Bedarf an qualitativ hochwertigen und zugleich unterhaltsamen Beiträgen. Das Programm unterschied sich nicht wesentlich von dem der übrigen Tage (unter anderem gehören auch die in der Analyse ausgewerteten „SAM" und „taff"-Beiträge dazu).

Bei den öffentlich-rechtlichen Anbietern finden sich hingegen mehr und inhaltlich anspruchsvollere Sendungsbeispiele. Das große Problem besteht jedoch darin, dass hier überwiegend die bereits Interessierten erreicht werden, da die Auswahl der relevanten Programmangebote ziemlich eingeschränkt ist. Zwar sind es nicht mehr nur reine Umwelt- oder Politmagazine, die sich mit Nachhaltigkeitsthemen befassen, sondern auch Service- und Verbrauchermagazine, dennoch bleiben die Zahl der Angebote überschaubar und die Formate dieselben. So ist es insgesamt unbefriedigend, wie wenig kreativ die Nachhaltigkeitskommunikation gegenwärtig stattfindet. Wäre es doch gerade bedeutsam, Menschen, die sich bislang weniger mit dem Leitbild auseinandergesetzt haben, es noch nicht in ihren Alltag zu integrieren vermochten oder aufgrund mangelnder Vermittlung Vorbehalte hegen, anzusprechen.

Wenn man davon ausgeht, dass das Medium Fernsehen in erster Linie ein Unterhaltungsmedium darstellt, das vor allem zum Zeitvertreib, zur Zerstreuung und Entspannung genutzt wird, müssen wesentlich mehr (Unterhaltungs-)Formate zur Vermittlung des Leitbilds beitragen. Dabei ließe sich der Ecotainment-Ansatz gut nutzen, um das informelle Lernen während der Unterhaltung (gemäß dem Entertainment Education-Prinzip) zu fördern. Einige Ansätze dazu finden sich bereits in der Unterstreichung des hohen Eigennutzens nachhaltigen Verhaltens: Geld sparen, etwas für seine Gesundheit tun und nebenbei ethisch-moralisch richtig handeln und die Umwelt schützen – sozusagen eine Win-Win-Situation für Mensch und Natur. Der Argumentationsschwerpunkt liegt auf dem guten Gefühl und den Vorteilen, die durch nachhaltiges Handeln erreicht werden.

Ein enormes Potential liegt beispielsweise in Unterhaltungsserien wie Daily Soaps, die eine Menge Spielraum bieten, alltägliche Vorbilder zu zeigen, die Spaß daran haben, einen nachhaltigen Lebensstil zu pflegen. Wemcken, Produzent von „Gute Zeiten, schlechte Zeiten", empfindet dieses Format ebenfalls als geeignet, da es einerseits aktuelle Themen aufgreift und andererseits eigene Trends zu setzen versucht. Gerade weil Sendungen dieser Art eine Vorbildfunktion für das junge Publikum besitzen, ginge es neben Unterhaltung auch um die Erfüllung des Bildungsauftrags. Wemcken könnte sich durchaus vorstellen „LOHAS in einem Charakter widerzuspiegeln", solange dieser nicht „nur in seinem Lifestyle verharrt und zu eindimensional bleibt"[215]. Seiner Ansicht nach sollte die Entscheidung für bewussten Konsum über eine Trendhandlung hinaus gehen und eine grundlegende Einstellung sein, um die Glaubwürdigkeit zu wahren.[216]

Ein gutes Beispiel für ein neuartiges Magazin ist das im Mai 2009 gestartete „Eurosport for the Planet", das Ökologie und Sportsendung auf informative, kurzweilige und positive Weise verbindet. Zwar ist auch hier zunächst ein eindimensionaler Zugang zur Nachhaltigkeit geschaffen, aber es ist ein Anfang, sportbegeisterte Zuschauer in lockerer, für sie interessanter Atmosphäre zu sensibilisieren. Auch in Kinder- und Jugendsendungen ist eine Beschäftigung mit nachhaltigen Themen angebracht. Da das Fernsehen neben Eltern und sozialem Umfeld einen bedeutsamen Einfluss auf die Wissensvermittlung und Einstellungsbildung hat, und es so großen Anteil an der Freizeitgestaltung nimmt, sollte es auf spielerische, positive und ermutigende Weise Informationen über und Spaß an Umwelt, Verantwortung und Respekt von Mensch und Tier kommunizieren. Dadurch kann es schon für Kinder ganz selbstverständlich sein, sich nachhaltig zu verhalten. Die Kindersendung in der Analyse ist verständlich, witzig und informativ, aber ebenfalls auf Umweltschutz fokussiert (wie auch andere, in der Recherchephase betrachtete Sendungsbeispiele).

Möglichweise könnten auch humoristische Sendungen einen ungezwungenen, sorglosen und erfrischenden Zugang ermöglichen, um zugleich Vorurteile der ehemaligen Umweltkommunikation abzubauen

---

[215] Wemcken (2008), bne-portal.de
[216] vgl. ebd.

beziehungsweise den klaren Unterschied zur Nachhaltigkeitskommunikation zu unterstreichen. Der in die Analyse einbezogene Ausschnitt einer Comedysendung von RTL enttäuschte diesbezüglich mit einer klischeebehafteten Darstellung, die keinerlei Loslösung vom alten Vorurteil bewirken kann. Positiv hingegen fiel die kritische Satiresendung „Schlegl sucht die Wahrheit" des NDR auf, die sogar den Rundumschlag, das heißt die ganzheitliche Betrachtung nachhaltiger Aspekte schafft.

Dass vornehmlich ein Ausschnitt aus dem gesamten Nachhaltigkeitskonzept herausgegriffen wird und häufig ganz bestimmte Inhalte wie Bio-Lebensmittel oder Öko-Kleidung im Zentrum stehen, hat verschiedene Gründe. Einer ist sicher die Tatsache, dass es Themen sind, mit denen jeder etwas anfangen kann. Sie sind alltagsnah und besitzen Relevanz für alle Menschen. Über verständliche Angelegenheiten wie diese, kann ein Bewusstsein dafür geschaffen werden, Verantwortung für sich selbst (Gesundheit) und andere Menschen, Tiere und Umwelt (Herstellungsbedingungen, Haltung, Schutz) zu übernehmen. Und da das Leitbild inhaltlich hoch komplex und in seiner Gesamtheit recht abstrakt ist, ist es nötig, mit einfachen und konkreten Schritten wie diesen zu beginnen. Medien bevorzugen einfache und überschaubare Themen. Eine Konfrontation mit dem vielschichtigen Leitbild sowie dem verbundenen Verzichtsgedanken würde vermutlich bei der Masse der Zuseher eher Abschreckung statt Zustimmung hervorrufen. Daher ist die Argumentation der Vorteile für den Handelnden eine hilfreiche Vorbedingung, um den Grundstein für die eigene Erkenntnis zu legen, dass das Loslassen alter Gewohnheiten und Überdenken persönlicher Ansprüche keine Einschränkung der Lebensqualität bedeuten muss. Insofern kann das Fernsehen nur einen Anstoß zur Lebensstilentwicklung geben. Es sollte vorrangig Interesse und Akzeptanz schaffen, sich aufgeschlossen mit der Nachhaltigkeitsidee zu befassen. Es sollte darüber hinaus Lust am Mitmachen wecken und Aufklärung leisten, damit Verbraucher nicht auf Greenwashing hereinfallen, sich in der Vielfalt der Angebote und Möglichkeiten zurechtfinden können und bestehende Vorurteile abbauen. Die wesentliche Herausforderung besteht darin, die Wahrnehmung nicht nur für die Gegenwart oder das direkte Umfeld, sondern für die Zukunft und gesamte Welt zu schärfen.

Im Großen und Ganzen bleibt bei den besprochenen Ansätzen noch viel Raum für Kreativität. Wünschenswert wären noch mehr Formate, die sympathische Vorbilder zeigen, die das Leitbild greifbar machen und glaubhaft vermitteln, wie nachhaltiges Handeln die Lebensqualität steigern und wie viel Freude und persönliche Erfüllung es bringen kann. Überaus wichtig wäre eine deutlichere ganzheitliche Darstellung von Nachhaltigkeit. Dazu kann es hilfreich sein, vielfältigere Beispiele als nur die oftmals wiederholten herauszugreifen und sie dann explizit in das Gesamtkonzept einzuordnen.

4.4 Kommunikation von Nachhaltigkeit im Web 2.0

4.4.1 *Nachhaltigkeit 2.0 und Vorgehen*

Für die Untersuchung der Nachhaltigkeitskommunikation im Web 2.0 wird, stellvertretend für das gesamte Phänomen, der Schwerpunkt auf dessen typischsten Vertreter – das Weblog – gelegt. Um jedoch die gefundenen Ergebnisse vor dem Hintergrund des Web 2.0 erörtern zu können, sollen vor der weiteren Ausführung über Vorgehen und Resultate die übrigen Anwendungen des Web 2.0 in kurzer Form auf ihren Beitrag hin betrachtet werden, das Leitbild in die tägliche Praxis zu integrieren.

Social Communities und Social Networks
Das vermutlich bekannteste soziale und auf Nachhaltigkeit ausgerichtete Netzwerk ist die Plattform utopia.de, deren Zugang zum Thema der strategische Konsum ist. 2007 gegründet, versucht sie ihren Nutzern mit dem Kredo „Kauf Dir eine bessere Welt" Tipps und Informationen zu nachhaltigen Produkten, Unternehmen und Umweltorganisationen zu geben und in Foren den Erfahrungsaustausch und gegenseitige Hilfe zu ermöglichen. Dazu gibt es Einkaufshelfer für alle Bedarfsfelder des Kon-

sums, sogenannte Showrooms, in denen neuste Produkte präsentiert werden sowie Links zu ausgewählten Partnershops. Die Zahl der registrierten Mitglieder liegt derzeit bei rund 50.000, was sich mit der Reichweite namhafter Printmagazine vergleichen lässt.[217] Die Anzahl der Seitenaufrufe pro Monat gibt utopia.de mit mehr als einer Million an.[218]

In ihrer kurzen Laufbahn kann die Plattform auf mehrere Auszeichnungen zurückblicken: Im Jahr 2008 gewann sie den LeadAward-Medienpreis in der Kategorie „Webcommunity des Jahres", erwarb im selben Jahr den dritten Platz der Digital Lifestyle Awards und wurde 2009 im Rahmen der Kampagne „Land der Ideen" als Ort des Tages ausgewählt.[219] Trotz des Erfolgs und der großen Nachfrage gerät utopia.de ab und an in die Kritik von Web 2.0-Nutzern. Beispielsweise durch nutzungsbezogene Unstimmigkeiten (Umgang mit kritischen Kommentaren oder Nutzern, mangelnde Transparenz der Betreiber) oder aufgrund der aktuellen Kooperation mit der Firma Henkel. Diese möchte besonders ihre neue Marke Terra Aktiv bekannt machen, die wie im Kapitel 4.3.2 erwähnt, im Verdacht steht, lediglich Teil einer Greenwashing-Kampagne zu sein.

Ein weiteres Beispiel ist die Plattform fairdo.net, die sich mit dem Motto „Netzwerke für eine bessere Welt" neben fairem und bewusstem Konsum auch ausdrücklich Konsumverzicht, Globalisierungskritik, Umwelt- und Klimaschutz sowie nachhaltiger Entwicklung verschrieben hat und auf aktive Netzwerkbildung und echten Wissensaustausch setzt. Im September 2009 schloss sich das Netzwerk mit einem weiteren „Weltverbesserer-Portal" zusammen: mit bewegung.taz.de. Gemeinsames Ziel ist nun „politisches und zivilgesellschaftliches Engagement zu fördern und alternative und ökologische Lebensweisen zu stärken"[220]. Als Grund für die Fusion wird die Entwicklung genannt, dass immer mehr Platt-

---

[217] vgl. Offenbacher (2009), nachhaltigkeit.at
[218] vgl. Neubauer (2009a), firmenpresse.de
[219] vgl. Neubauer (2009b), dailynet.de; vgl. Pauler (2008), chip.de
[220] Alexander (2009), bewegung.taz.de

formen entstehen, die eher zu einem Nebeneinander statt einer Bündelung von Potentialen beitragen.

Statt also immer wieder neue Netzwerke zu gründen und Foren zu programmieren, die dann nur kundige und bereits überzeugte Nutzer anziehen, sollten auch bestehende Communities wie beispielsweise facebook.com genutzt werden. Dort könnten „spielend die bereits 110 Millionen Mitglieder auf das Thema Nachhaltigkeit und Konsum aufmerksam"[221] gemacht und die enormen Kräfte viraler Effekte genutzt werden. Gleichgesinnte und Förderer können schnell aufgespürt und aktiviert werden. Darüber hinaus lohnen neue Angebote wenig, da es naheliegend ist, dass Nutzer die Anzahl ihrer dauerhaften Mitgliedschaften in Social Networks beschränken. Offenbacher spricht von der Konzentration auf ein bis zwei „Social Homes"[222].

Dies führt dazu, dass viele Umwelt- und Nachhaltigkeitsorganisationen sowie Vereine auch Gruppen und Seiten in den großen Communities anlegen. Utopia.de gründete Ende 2008 gemeinsam mit myspace.com die Gruppe „Meine Welt" mit dem Motto „Gemeinsam verbessern wird die Welt!"[223]. Auf diesem Nachhaltigkeits-Profil werden Umweltschutzprojekte vorgestellt, Berichte und Reportagen zum strategischen Konsum veröffentlicht sowie grüne Produkte präsentiert. Verbunden mit diesem Launch war eine Aktion, die jedes Hinzufügen (add) eines myspace-Nutzers zu seinen Freunden mit der Pflanzung eines von 250.000 Kakaobäumen in Tansania belohnt.[224] Darüber hinaus ist utopia.de auch bei xing.com und facebook.com vertreten.

In derartigen Netzwerken finden sich auch Gruppen wie „LOHAS Group Germany" und „Nachhaltiges Deutschland" bei xing.net oder „Nachhaltigkeit, Generationengerechtigkeit, LOHAS und CSR" und „LOHAS" bei studivz.net. Auf facebook.com wurde im November 2008

---

[221] Offenbacher (2008), Kommentar auf betterandgreen.de; vgl. Offenbacher (2009), nachhaltigkeit.at
[222] Offenbacher (2008), Kommentar auf betterandgreen.de
[223] siehe myspace.com/meinewelt
[224] vgl. Quilitzsch (2008), utopia.de

die Gruppe „100.000 Gesichter für die Chance Nachhaltigkeit"[225] gegründet, mit dem Ziel, bis Ende 2009 die genannte Mitgliederzahl zu erreichen.

Interessant sind auch Plattformen, die direkt zu Aktionen und Beteiligung an Kampagnen aufrufen. Bei beta.greenaction.de können User selbst Kampagnen starten, über eigene Blogs oder bekannte Netzwerke verbreiten und sich beispielsweise on- und offline an Unterschriftensammlungen beteiligen. Über dieses Internetangebot wurde auch zum ersten bundesweiten Klimaflashmob am ersten August 2009 aufgerufen. Vor den Kundenzentren der vier großen Energieversorger Vattenfall, E.ON, RWE und EnBW wurde unter der Parole „Bereit für den Klimawandel" Punkt zwölf Uhr mit Transparenten und angelegten Schwimmhilfen (als Symbol für den Klimawandel) Stellung bezogen.[226] Auswirkungen auf das reale Leben durch Vernetzung in virtuellen Communities beabsichtigen auch carrotmobberlin.com oder critical-mass.de. Carrotmob.com ist der deutsche Ableger der im Jahr 2008 in den USA entwickelten Idee, Geschäfte zu einem festgelegten Zeitpunkt mit extrem vielen kaufenden Kunden zu belohnen, wenn ein vorher festgelegter Teil des Gewinns in den energieeffizienten Umbau des Ladens fließt. Aktionen fanden bisher in Berlin, München und Bonn statt. Critical-mass.de ist eine Bewegung, bei der sich Radfahrer treffen, um gemeinsam eine relativ spontan festgelegte Strecke zu fahren. Sinn der in vielen deutschen Städten regelmäßig stattfindenden Aktion ist das Anliegen, als gleichberechtigter Straßenverkehrsteilnehmer wahrgenommen zu werden. Das gewaltfreie und idealistische Bestreben, konkrete Veränderungen in der Region zu erreichen und dabei die Hilfe des Web 2.0 zu nutzen, bezeichnet Baumann als „web-basierten Bürger-Aktivismus"[227], der sich seiner Ansicht nach deutlich von bisherigen protestlosen bis sinnfreien Aktionsformen wie den Flashmobs unterscheidet.

---

[225] siehe facebook.com/group.php?gid=32171474167
[226] vgl. Steffens (2009a), beta.greenaction.de
[227] Baumann (2009), readers-edition.de

Microblogs

Der hierzulande bekannteste Vertreter von Microblogging-Diensten ist wahrscheinlich twitter.com mit rund 240.000 deutschsprachigen Accounts.[228] In den meisten Fällen stellt er eine Ergänzung beziehungsweise einen kleinen Ableger von Weblogs dar. Das heißt, dass Betreiber nachhaltiger Blogs per Twitter auf neue Beiträge verweisen. Darüber hinaus wird Twitter zum Vernetzen unter Gleichgesinnten und zum Mitteilen kurzer Gedanken und Antworten auf andere Postings genutzt. Eine Liste deutschsprachiger Microblogger, die sich mit der Thematik Nachhaltigkeit beschäftigen, wird von Offenbacher geführt.[229] Seine Auswahlkriterien beinhalten, dass der Fokus der Auseinandersetzung auf Nachhaltigkeitsthemen liegt und keine offiziellen Accounts von Parteien oder politischen Funktionären aufgenommen werden.

Podcasts

Audiodateien zum Thema werden einerseits von Nachhaltigkeitsbloggern erstellt. Karmakonsum.de bietet den Podcast-Channel karmakonsum.podspot.de „zu LOHAS und dem neogrünen Lebensstil" an. Die Autoren der Blogs brainblogger.de, betterandgreen.de und des privaten Weblogs sebastiankeil.de erstellten gemeinsam einen Podcast mit den Schwerpunkten LOHAS, ethischer Konsum, FairTrade und Nachhaltigkeit (Abruf unter: bit.ly/2vpKJb). Des Weiteren offerieren einige Podcaster unter vielen anderen Inhalten auch Nachhaltigkeits-Beiträge. Beispielsweise findet sich auf pimpyourbrain.de das Interview mit dem Initiator des karmakonsum.de-Blog über die LOHAS-Bewegung, bewussten Konsum und Greenwashing. Das Edutainment-Portal „Das Abenteuer Leben", welches sich mit Kommunikation, Zukunftsforschung und Persönlichkeitsentwicklung befasst, besitzt auch den Kanal „das Abenteuer Nachhaltigkeit mit Michael Schaller" unter der Extra-Adresse abenteuernachhaltigkeit.de. Hier werden Begriffserklärungen, nachhaltige Bildung, nachhaltiger Urlaub oder nachhaltiges Essen erläutert. Andererseits bie-

---

[228] vgl. Schreiner (2009), meedia.de
[229] siehe bessergehtsimmer.at/2009/01/nachhaltigkeit-auf-twitter

ten die meisten deutschen Radiosender ihre Beiträge als Podcast im Web an. Darunter lassen sich einige zum Thema Umwelt, Klima und Nachhaltigkeit finden wie die Sendung con.tra vom SWR oder Lifestyle Trends von hr1.

Wikis

Seit Ende 2008 gibt es das Green Wiki de.green.wikia.com, das sich aus einem im Jahr 2007 gegründeten Umwelt-Wiki bildete. Grund für die Wandlung war die thematische Überlappung mit dem amerikanischen Green Wiki, dass vom Wikipedia-Mitbegründer Jimmy Wales initiiert wurde und die Hoffnung, dessen mediale Popularität mit nutzen zu können. Ziel der Plattform ist die Bündelung von Informationen zu Klimaschutz, umweltbewusstem Verhalten, Nachhaltigkeit, Konsum, Politik und Medien sowie das Anliegen „Umweltschutz durch den Einkaufswagen"[230] zu fördern. Ein anderes Wiki ist zunftwissen.org, das bereits über rund 12.000 Artikel verfügt. Es widmet sich der Vorstellung nachhaltiger Produkte, Unternehmen und Kunst. Das Verständnis seiner Aktivität lautet: „Wir möchten Konsumentensouveränität fördern, hierbei sollen Wissen und Erfahrungen um gute und regionale Dinge auf diesen Seiten virtuell und beständig abrufbar gebündelt werden."[231]

Weblogs

Im Unterschied zu den Fernsehbeiträgen, die als Ausschnitte aus einem Sendeprogramm erforscht wurden, werden die ausgewählten Blogs jeweils als eigenständige Gesamtheit untersucht. Zwar fließen einzelne Blogeinträge als Texte in die Inhaltsanalyse ein, dennoch werden zur gesamten Einschätzung weitere Kriterien herangezogen. Das bedeutet, dass neben der Untersuchung auf Kommunikationsmethoden, auch andere Einflüsse auf die Nachhaltigkeitskommunikation von Interesse sind. Dazu gehört die Frage nach der Autorenschaft, deren Motive und persönlichen Hintergründe – soweit dies aus der Selbstauskunft entnehmbar

---

[230] Tenni (2009), Kommentar auf alles-was-gerecht-ist.de
[231] Die Zunft AG (2009), zunftwissen.org

ist. Des Weiteren sind die eigens angelegten Kategorien und Tag Clouds der Blogs, denen die verfassten Beiträge zugeordnet sind, von großem Wert, da sie die inhaltliche Annäherung an die Nachhaltigkeitsthematik veranschaulichen. Auch die Aktivität und Aktualität (Start und Pflege des Blogs), Häufigkeit und Inhalt von Kommentaren sowie die Verlinkungen sind relevant, um abzuschätzen mit welcher Sorgfalt das Blog geführt wird und welche Bedeutsamkeit das Angebot für die Leser zu haben scheint.

Für die Auswahl der Blogs gilt selbstverständlich der Anspruch, dass sie sich explizit mit Nachhaltigkeit beschäftigen. Der Einklang aller drei Standarddimensionen wird vorausgesetzt. Bei der Recherche und Entscheidung für die in der Studie ausgewerteten Blogs wurde darauf geachtet, dass sie unterschiedlichen Ansätzen entspringen. Das heißt, dass sich möglichst vielfältige Facetten der Autorenschaft, Herangehensweise und Schwerpunktsetzung bei der Auseinandersetzung mit nachhaltigen Themen ergeben. Die in die Auswertung einbezogenen 18 Vertreter sind gemeinsam mit einer Kurzbeschreibung in Tabelle 2 aufgelistet. Der Vollständigkeit halber sei noch angemerkt, dass Wenzel eine ständig aktualisierte Liste von nachhaltigen Blogs und Journalen führt.[232]

Nr.	Blog	Kurzmotto
01 *	52wege.de	„52 Wege für den Wandel der Zeit"
02 *	alles-was-gerecht-ist.de	„Soziale Gerechtigkeit, Umweltschutz und deren Nachhaltigkeit. Interessante Ideen & Projekte"
03 *	betterandgreen.de/blog	„Grünes Business-Blog, welches sich mit den Themen Nachhaltigkeit, grüne Gadgets, grünes Marketing und strategischer Konsum befasst"
04 *	blog.einfachnachhaltig.de	„Marktplatz und Nachrichtendienst für nachhaltigen Lifestyle", „Grünes Blog (…) rund um LOHAS, Green Business, bewussten Konsum"

---

[232] siehe bioemma.de/nachhaltige-blogs-und-journale

Nr.	Blog	Kurzmotto
05 *	cleanthinking.de	„Sauber in die Zukunft", „Wirtschaftsblog über die CleanTech-Branche"
06 *	ecofashionjunkies.com/blog	„sustainable fashion and sustainable marketing"
07	eco-log.de	„it's not easy bein' green", „Blog zu nachhaltigem Design"
08 *	farmblogger.de	„Ein Blog rund um die Themen Landwirtschaft, Ernährung und Landleben"
09	karmakonsum.de	„Do good with your money"
10 *	konsumpf.de	„Forum für kreative Konsumkritik"
11	lilligreen.de	„Blog für nachhaltiges Design"
12	lohas-blog.de	„Nachhaltigkeit – Spiritualität – Wertschätzung", „Infoportal mit Beobachtungen zum Wertewandel"
13	lohaslifestyle.blogspot.com	„LOHAS Lifestyle Blog, About: Healthy People, Healthy Planet, Healthy Profits"
14	nachhaltigkeit.blogs.com	„Alles zum Thema Nachhaltigkeit mit dem besonderen Interesse für das Einrichten mit Küchen und Möbeln"
15	nachhaltigkeits-guerilla.de	„Veränderung selber machen"
16 *	organic-blog.de	„Eine unabhängige Plattform mit kritischem Blick auf die Nachhaltigkeit ökologischer Produkte und Dienstleistungen"
17 *	sebastianbackhaus.wordpress.com	„Blog rund um die Bereiche Marketing und Medien sowie schwerpunktmäßig über das Thema Nachhaltigkeit"
18	umgebungsgedanken.momocat.de	„Themen: Maßlosigkeiten und Imbalancen, Lebensraumqualität, Konsum in einer Konsumgesellschaft, Nachhaltigkeit und Kommunikationsmöglichkeiten"

Tabelle 2: Analysierte Nachhaltigkeitsblogs

4.4.2 Ergebnisse

Auch die Blogs wurden auf die inhaltlichen Aspekte ihrer Nachhaltigkeitskommunikation (WAS) untersucht. Bei der Analyse ihrer Kommunikationsweisen (WIE) kann allerdings nicht von Methoden im klassischen Sinne gesprochen werden, da zwar davon auszugehen ist, dass die Blogger die Nachhaltigkeitsideale verbreiten und ihre Leserschaften zum Denken anregen möchten, dazu allerdings nicht auf zuvor bewusst überlegte Strategien zurückgreifen. Ebenso kann angenommen werden, dass sie nicht unter dem Druck einer Quote von Leserzahlen stehen, sondern freiwillig und aus eigenem Interesse schreiben. Deshalb sei an dieser Stelle von verschiedenen Formen der Vermittlung gesprochen. Die gefundenen Kategorien der 18 analysierten Blogs sind in Abbildung 4 dargestellt. Sie wurden deshalb nicht stärker ausdifferenziert, da die Blogs, wie gesagt, ganzheitlich betrachtet wurden. Ergänzend sei erwähnt, dass sich die Kategorien nur schwer voneinander abgrenzen lassen, da in den Texten oft mehrere dieser Stilmittel miteinander verbunden werden.

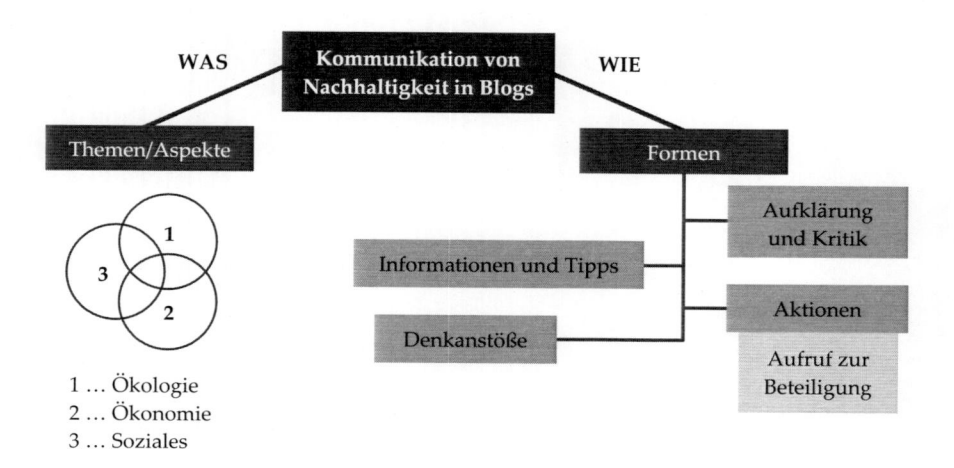

Abbildung 4: Kommunikation von Nachhaltigkeit in Blogs

Zur inhaltlichen Auseinandersetzung (WAS) mit Nachhaltigkeit bleibt festzustellen, dass die Blogs, trotz eigens festgelegter Schwerpunkte, außerordentlich abwechslungsreiche Zugänge innerhalb ihres Angebots bieten. Auch wenn das Kernthema beispielsweise Gerechtigkeit, nachhaltiges Design, ökologische Landwirtschaft oder CleanTech (saubere Technologien) ist, verschmelzen die drei Dimensionen der Nachhaltigkeit in der Gesamtheit der Blogartikel. Da eine Aufzählung aller behandelten Themen im Rahmen dieses Buches nicht möglich ist, soll Abbildung 5 einen ausschnitthaften Überblick in Form von Schlagworten geben, mit denen die Blogautoren ihre Beiträge versehen haben. Diese sogenannten Tags, die in **Tag Clouds** mit der Visualisierung ihrer quantitativen Gewichtung dargestellt werden, sind neben den Kategorien eine Strukturierungsform der Blogartikel. Allerdings nutzen nicht alle Autoren diese Ordnungsmöglichkeiten. Von den 18 Analyseblogs verfügen sechs über beide Formen, während die übrigen nur eines von beiden einsetzen. Aus zehn Blogs, die über eine Tag Cloud verfügen (in Tabelle 2 mit einem Stern gekennzeichnet), wurde eine gesamte Schlagwortwolke erstellt, die wiederum die Begriffe nach der Häufigkeit ihres Vorkommens gewichtet. Der Übersichtlichkeit halber wurden Doppelungen durch Einzahl- und Mehrzahl-Worte (beispielsweise *Blog* und *Blogs*) zu einer Variante zusammengefasst und Namen von Firmenauftritten (der Autoren) ausgelassen.

Kommunikation von Nachhaltigkeit im Web 2.0   119

Abbildung 5:   Tag Cloud von Nachhaltigkeitsblogs

Die Schlagworte lassen sich grob den Punkten Umwelt und Natur, soziales Miteinander, Technik, Medien, Kultur, Konsum, Mode, Marketing, Verkehr, Politik und Wirtschaft, Kampagnen, Organisationen, Spiritualität, Gesundheit und (Selbst-)Verantwortung zuordnen. Interessant und deutlich zu erkennen ist, dass das Wort *Nachhaltigkeit* selbst am häufigsten zur Klassifizierung genutzt wird. Dieser selbstverständliche und direkte Begriffsgebrauch lässt sich auch insgesamt auf den Umgang mit dem Terminus in den Beiträgen übertragen.

Die Analyse der Kommunikationsweisen (WIE) ergab vier Kategorien der Vermittlung, die im Folgenden erläutert werden. Daran anschließend werden die Ergebnisse der weiteren Einflüsse auf die Nachhaltigkeitskommunikation dargelegt, die Merkmale der Autorenschaft und deren Glaubwürdigkeit für die Leser einschließen.

Informationen und Tipps

Die Autoren bieten breitgefächerte Informationen mit Nachhaltigkeitsbezug an. Unter Information wird hierbei die Weitergabe von Wissen verstanden (im Gegensatz zur nächsten Kategorie Aufklärung, die mit Klarheit schaffen/Erklärung von Sachverhalten im Sinne des Aufdeckens von Ungereimtheiten und Unwahrheiten verbunden ist). Dazu zählen Artikel über neue Erfindungen, Projekte, Unternehmen, Gesetze, Veranstaltungen oder Medienbeiträge. Beispielsweise wird darüber geschrieben, dass eine Lichtpumpe für Fahrräder entwickelt wurde, bei der durch das Pumpen die Batterien für die LEDs aufgeladen werden oder dass beim amerikanischen Wettbewerb „Solar Decathlon" (solarer Zehnkampf), bei dem es um Energieeffizienz und nachhaltiges Bauen geht, ein Team der TU Darmstadt in der Kategorie „Engineering" gewann. Texte über neue Produkte wie Öko-Handys und Elektro-Trucks, über neue Materialien wie SwissCell (mit Spezialharz überzogene Zellulose-Fasern) und Kirei-Board (Holzalternative) sowie über die Forschung an der Entwicklung von Lithium-Luft-Batterien für Elektro- und Hybridautos oder dem Wüstenstrom-Projekt DESERTEC gehören ebenso dazu wie Informationen darüber, welche Designer nachhaltige Mode kreieren, welcher Shop für nachhaltige Produkte eröffnet hat, welche Herstellungs- und Produktionsweisen nachhaltig sind und wo Bio-Restaurants zu finden sind. Auch Methoden des Marketings wie das Spendensammeln mittels Overlay Ads in Youtube-Videos und mittels Twestival auf twitter.com oder Studienergebnisse zum Thema Klimaschutz, LOHAS, Green Branding, Jugend und Nachhaltigkeit, Yoga und Meditation in Deutschland, Homöopathie sowie Glaubwürdigkeit von Nachhaltigkeitskommunikation werden bekannt gemacht. Ebenso werden Interviews und Statements von Unternehmern, Politikern, Bauern, Prominenten, Vereins- und Organisationsmitgliedern und anderen Bloggern veröffentlicht.

Weiterhin erfolgen Medienbesprechungen sowie das Aufgreifen von und Verweisen auf Meldungen der klassischen Medien. Das heißt, es gibt Vorstellungen themenbezogener Bücher, sehenswerter Filme und Fernsehsendungen sowie Hinweise auf Beiträge und Ausgaben von Zeitungen und Zeitschriften. Auch Inhalte anderer Blogs und Webseiten werden wiedergegeben, empfehlenswerte Vertreter dieser Auftritte umfassend präsentiert und verlinkt. Die Informationsweitergabe ist demnach oft mit konkreten Hinweisen und Tipps verbunden. Dazu gehören die Ankündigungen von Veranstaltungen, Vorträgen und Ausschreibungen sowie die Vorstellung aktueller Initiativen. Beispielhaft seien Fachmessen wie BioFach und ökoRausch, die LOHAS-Konferenz KarmaKonsum, der ecodesign congress, das Medienfestival transmediale, der RecyclingDesignpreis, der Internationale Klimaschutz-Kurzfilmwettbewerb und die Green Music Initiative (zur Förderung einer klimafreundlichen Musikbranche) genannt. Die Tipps beziehen sich folglich darauf, bestimmte Medien zu rezipieren, an Veranstaltungen teilzunehmen oder ausgewählte Produkte (nicht) zu kaufen. Es gibt aber noch weitere Tipps für den Alltag, wie grüne Suchmaschinen (forestle.de, ecocho.com/de, afroo.org oder znout.org) zu nutzen, den Ökostrom-Anbieter zu wechseln, Spritsparer-Tipps für umweltfreundliches und geldsparendes Autofahren einzuhalten oder sich an Anleitungen zum Nachbauen von Möbeln aus recyceltem Material zu orientieren. Des Öfteren sind die abgegebenen Informationen um die persönliche Wertung der Sachverhalte und um die Beschreibung der eigenen Erfahrungen ergänzt. Des Weiteren werden Bilder, Videos oder Podcasts eingebunden sowie Linkstipps und Quellenangaben zu weiterführenden Informationen angeboten.

Aufklärung und Kritik

Es lässt sich feststellen, dass die Mehrheit der Beiträge die Eigenschaft der Blogger widerspiegelt, Dinge von mehreren Seiten zu beleuchten, kritisch zu hinterfragen und dazu unterschiedliche Quellen auszuwerten. So wird vor Greenwashing-Strategien von Unternehmen gewarnt (15 der 18 Blogs schreiben über Greenwashing, einige davon mit ausführlichen Erklärungen und Linklisten) und über politische Entscheidungen, gesellschaftliche Zustände und manipulative Methoden der Wirtschaft gebloggt. Beispiele sind die Thematisierung fairer Milchpreise für Bauern, die Bemühungen um das Verbot von MON810 (Bt-Mais des amerikanischen Konzerns Monsanto) und anderer gentechnisch veränderter Pflanzen, die Täuschung der Verbraucher durch schleichende Veränderung von Verpackungsgrößen und -inhalten ohne adäquate Preisangleichung sowie falsche Angaben in Werbung und auf Verpackungsaufdrucken. Ferner geht es um Kritik an unfairen Arbeitsbedingungen, Zweifel am Festhalten der Politik an Atomenergie oder um Ablehnung des Handelns und der Profitgier von Konzernen – beispielsweise bezogen auf Nestlé. Über dieses Unternehmen wird – unter anderem im Rahmen von Buchbesprechungen – berichtet, dass es Milchpulver und Säuglingsnahrung in Entwicklungsländern wie Pakistan oder Afrika aggressiv vermarktete und verkaufte. Dies führte dazu, dass Mütter statt dem natürlichen Vorgang des Stillens zur Flaschennahrung griffen, ihre Stillfähigkeit nachließ und somit eine Abhängigkeit von den teuren Produkten entstand. Darüber hinaus erkrankten und verstarben Babys durch die Zubereitung mit verunreinigtem Wasser. Genauso diskutiert wird das Befürworten des Konzerns von Gentechnik oder sein Bestreben, den natürlichen Rohstoff Wasser zu privatisieren.[233]

Aber auch innerhalb der Nachhaltigkeitsbewegung bleiben die Blogger wachsam und kritisch. Über die Neugründung der Plattform utopia.de und deren Wahl von Kooperationspartnern aus der Wirtschaft äußerten mindestens sechs der Analyseblogs skeptische Empfindungen. Mit der genauen Definition der LOHAS-Erscheinung verhält es sich ähnlich, auch hier driften die Meinungen stark auseinander und werden angeregte Diskussionen geführt.

Im Endeffekt ist die Kategorie der Aufklärung und Kritik sehr eng mit der nachstehenden Kategorie der Denkanstöße verbunden. Denn geäußerte Zweifel und die Aufdeckung von politischen und wirtschaftlichen Verstrickungen sind oft mit der (in-)direkten Frage an die Leserschaft verbunden, ob so ein Verhalten und derartige Beschlüsse von Entscheidungsträgern moralisch haltbar sind und was jeder Einzelne beisteuern kann, um die Situation zu verbessern.

Denkanstöße
Auf Grundlage der Auseinandersetzung mit dem eigenen Lebensstil, geben viele Autoren Anregungen zum Überdenken der Ansichten des Lesers und hinterfragen gegenwärtige, von Medien und Öffentlichkeit mehrheitlich vertretende Ansichten. 52wege.de möchte zu einem nachhaltigen, achtsamen und simplifizierten Lebensstil anregen. Dazu wird

---

[233] vgl. Marwitz (2008a), konsumpf.de

jede Woche ein Blogeintrag mit tiefgründigen Texten veröffentlicht und „der wöchentliche Weg in eine lebenswerte Welt" beschritten. Beleuchtet wird das Aufeinandertreffen von ständigem Wachstum und gleichzeitigem Stoßen auf Grenzen. Schließlich steht nur eine begrenzte Menge an Zeit, Energie und Ressourcen zum Leben, Arbeiten und Konsumieren zur Verfügung, sodass Einsicht nötig ist, etwas zu verändern. Im gleichen Atemzug hegt der Autor Zweifel daran, dass strategisches Konsumieren (im Sinne der LOHAS-Ratgeber) eine Lösung dafür sein kann. Vielmehr ginge es um tieferliegende Erkenntnisse wie Persönlichkeitsentwicklung, Fokussierung auf das Wesentliche, Entschleunigung, Reduktion von Konsum und Besinnung auf sich selbst. Der Autor von umgebungsgedanken.momocat.de setzt sich mit der Bestellung von Bio-Lebensmitteln in Online-Shops und der Problematik von Bio-Produkten aus dem Ausland auseinander. Im Gegensatz zu anderen Nachhaltigkeitsbloggern ist für ihn der Versand aufgrund der Verpackungsmenge, den Transportwegen, dem Mangel an persönlichen Gesprächen mit Verkäufern regionaler Märkte und Bio-Höfe keine Alternative. Anlässlich des Themenschwerpunkts der Konsumkritik erörtert der Blogger von konsumpf.de häufig die Problematik von Discountern. Billig-Angebote, Preis-Kämpfe mit Konkurrenten, unfaire Arbeitsbedingungen in Produktionsländern und zweifelhafte Personalpolitik (Lohn-Dumping, Behinderung der Arbeitnehmerrechte) gehören zur Tagesordnung. Deren Geschäftsmodell, „auf dem Rücken der Gesellschaft Profite zu generieren"[234], wird anhand vielfältiger Beispiele beschrieben und immer wieder auf die Unterstützung dieser Prinzipien durch die kaufenden Kunden hingewiesen. Unter anderem reflektiert der Autor die Entwicklungen, die mit der Warenbestellung im Internet und dem Einkauf in Filialen großer Ketten verbunden sind. Ihm geht es dabei um die Verdrängung kleiner Läden und die Aneinanderreihung ewig gleicher Shops in den Städten.

> „Schon oft habe ich mir Gedanken drüber gemacht, welche die Vielfalt und das Lokalkolorit zerstörende verheerende Wirkung der diesem Wirtschaftssystem immanen-

---

[234] Marwitz (2009a), konsumpf.de

te Zwang zum ewigen Wachstum hat – denn nicht nur muss letztlich jede Firma immer höhere Gewinne machen, Unternehmen müssen (...) sich immer weiter ausbreiten. Und das geht nur auf Kosten anderer Geschäfte."[235]

Aus einigen Denkanstößen und tiefergehenden Auseinandersetzungen entwickeln sich im Nachhinein Aktionen, wie sie in der nächsten Kategorie beschrieben sind.

Aktionen und Aufruf zur Beteiligung
Die größte Besonderheit und Stärke von Blogs ist ihr Potential auch außerhalb der Blogosphäre etwas zu bewegen. Dazu werden sowohl Aktionen anderer Organisatoren weiterverbreitet und unterstützt als auch eigene gestartet. Aufgrund der Verlinkungen und des dadurch entstehenden Netzwerks der Blogger, kann es zu einer rasanten und weitläufigen Ausdehnung der Informationen kommen. Dieser virale Effekt verleiht Blogs einen ernst zu nehmenden Einfluss – einen gewissen Machtfaktor. Jener erhöht sich noch, wenn die Themen und Aktionen von den etablierten Medien aufgegriffen werden.

Zu Aktionen, die zur Verbreitung unterschiedlicher Meinungen zu einem Thema und somit zur Förderung des Austauschs über nachhaltigkeitsrelevante Topics beitragen, gehören die folgenden Beispiele. Im Rahmen der „fairen Woche 2009" rief der Autor von karmakonsum.de zu seinem vierten Blogkarneval mit dem Thema „We love FairTrade" auf und bat die Teilnehmer darum, ihr Lieblings-FairTrade-Produkt zu fotografieren und zu beschreiben. Im Jahr zuvor, ebenfalls vor dem Hintergrund der „fairen Woche", sollten persönliche Gedanken zu dieser Thematik auf den Blogs der Mitmachenden veröffentlicht werden (15 Blogger beteiligten sich). Der Einsatz des Initiators war ein Selbstversuch: 14 Tage ausschließlich fair gehandelte Lebensmittel zu konsumieren. Diese Aktion als „FairTrade-Man" griffen einige Online-Portale und der Sender ARTE auf. Über den Blog selbst wurde bereits mehrmals von der klassischen Presse berichtet.

---

[235] Marwitz (2009b), konsumpf.de

Im September 2009 startete de.hessnatur.com/blog eine Blogkette und zwar in der Form, dass die Initiatoren „ein Thema auf den Weg schicken, dieses als Blogbeitrag veröffentlichen und ausgewählte Blogger dazu einladen, innerhalb einer Woche einen Artikel zum Thema im eigenen Blog zu schreiben und das Stöckchen zwei weiteren Bloggern ihrer Wahl zuzuwerfen"[236]. Die gestellte Frage lautete „Weshalb trage ich grüne Mode?", an deren Beantwortung sich auch einige der Analyseblogs beteiligten.

Alles-was-gerecht-ist.de rief das Projekt „How to make the world more beautiful?" ins Leben, bei dem regelmäßig Menschen aus verschiedenen Ländern mit unterschiedlichen sozialen Hintergründen diese Frage beantworten sollen. Die Ergebnisse werden anschließend im Blog zur Diskussion gestellt. Auch ein Selbstexperiment wurde von zwei der Autoren durchgeführt: „24 Tage auf Hartz IV". Im ausführlichen Fazit erfolgt das Resümee der Erfahrungen, die Aufschlüsselung von Kosten und die Zusammenstellung von Tipps für Betroffene.

Zusätzlich zur eigenen Beteiligung leiten Blogger Aufrufe zur Unterstützung anderer Aktionen weiter. Darunter sind beispielsweise Carrotmobs, Critical Mass-Events, der Park(ing) Day Battle, bei dem kreative Ideen zur Stadtbildverschönerung gesammelt werden oder der von 350.org initiierte weltweite Klima-Aktionstag im September 2009, der Druck auf den Klimagipfel in Kopenhagen ausüben soll. Bemerkenswert ist das Engagement an diesem Klima-Tag: Menschen aus über 180 Ländern nahmen an über 5200 Events (Demonstrationen und symbolische Aktionen) teil. Unter den Appellen der Blogs zum Mitmachen sind auch Unterschriftensammlungen für den offenen Brief an Politiker zum Festhalten am Atomausstieg, für die Petition über ein Grundeinkommen, für die Initiative der LobbyControl „Lobbyisten zu Transparenz verpflichten" oder gegen den Bau eines Kohlekraftwerks in Mannheim.

Als Beleg dafür, welche Wirkung der virale Effekt erzielen kann, seien noch drei ausgewählte Beispiele aus der gesamten Blogosphäre erwähnt. Zum Erfolg führte die im Jahr 2008 von Greenpeace gestartete Kampagne gegen die Kosmetikmarke Dove beziehungsweise ihren Mut-

---

[236] Reichardt (2009), de.hessnatur.com

terkonzern Unilever. Die Umweltorganisation warf dem Unternehmen vor, größter Einzelabnehmer von Palmöl aus Indonesien zu sein, welches auf Plantagen wächst, die durch die Rodung des Regenwalds entstanden sind. Dazu stellte Greenpeace ein eigens produziertes Video auf die Plattform youtube.com. Jenes griff in sarkastischer Weise die Machart eines Werbespots von Dove mit dem Titel „Dove Onslaught" auf, der für die „Initiative für wahre Schönheit" warb. In dem Film geht es um die Warnung vor der Schönheitsindustrie und den Schutz des Selbstbewusstseins heranwachsender Mädchen. Der Spot endet mit den Worten „Talk to your daughter before the beauty industry does". Der Clip von Greenpeace mit dem Titel „Dove Onslaught(er)" hingegen handelt von der Zerstörung des Regenwalds und dem Sterben der Tiere für den Anbau riesiger Mengen Palmöl. Er ist genauso aufgebaut, verwendet die gleiche Musik und dieselben schnellen Schnitte. Er schließt mit dem Satz „Talk to Dove before it's too late". Zusätzlich rief Greenpeace zur Verbreitung des Videos sowie zur Unterzeichnung einer Petition auf. Viele Blogger berichteten über die Kampagne, auf Webseiten und in Foren wurde diskutiert und auch die Presse griff die Aktion auf. Bereits nach zwei Wochen erreichten Zehntausende Protestmails aus aller Welt den Unilever-Konzern. Dieser willigte in einen sofortigen Abholzungsstopp ein. Des Weiteren erklärte er sich bereit, seine Führungsrolle dazu zu nutzen, auch andere Hersteller sowie die eigenen Zulieferer von diesem Abkommen zu überzeugen.[237]

In ähnlicher Weise wurde ein Kinowerbespot des Energieversorgers RWE mit seinem neuen Maskottchen (dem Energieriesen), der betonen soll, wie umweltfreundlich und nachhaltig der Konzern agiert, in zwei Fassungen abgeändert und von vielen Bloggern verbreitet. Unter dem Titel „RWE – Energieriesen-Lüge – Die Wahrheit zum Spot" versah eine Privatperson den Originalfilm mit Fakten ergänzenden Untertiteln. Zum Beispiel wird in der Szene, in welcher der Energieriese zahlreiche Windkrafträder im Boden fixiert, eingeblendet, dass lediglich 0,1 Prozent des RWE-Kraftwerkparks aus Windkrafträdern besteht. Beim Zeigen der

---

[237] vgl. Greenpeace (2008), greenpeace.org; vgl. Weber (2009), linkbait.de

Inbetriebnahme von Gezeitenkraftwerken wird angemerkt, dass diese bei RWE bisher nur auf dem Reißbrett existieren. Die fünf Atomkraftwerke, die das Unternehmen besitzt, werden im Spot nicht erwähnt. Auch Greenpeace veröffentlichte eine veränderte Version und rief im Zuge der großen Resonanz und der schnellen Verbreitung zu einem „Riesen-Remix" auf, bei dem weitere Überarbeitungen der Werbung erwünscht wurden.[238]

Ebenfalls RWE betreffend, persiflierten die Umweltorganisationen urgewald und .ausgestrahlt zu Beginn des Jahres 2009 die Werbung für die neue Strommarke ProKlima mit der „FingeRWEg"-Kampagne. Diese machte sich mit Unterschriftenlisten und Protestbriefen dafür stark, den Stromkonzern davon abzubringen, sich mit 1,5 Milliarden Euro am Bau des bulgarischen Atomkraftwerks Belene zu beteiligen. Sie wollte ferner darüber aufklären, dass ProKlima-Strom zu 68 Prozent aus Atomstrom besteht und völlig übertewert ist. Die Werbeagentur von RWE empfand das abgeänderte Motiv, das für Plakate, Broschüren und Webseiten genutzt wurde als Urheberrechtsverletzung und drohte mit rechtlichen Schritten. Auf Seiten der Umweltorganisationen und Blogger führte dies zu Diskussionen über die Meinungs- und Kunstfreiheit sowie zur Vermutung, RWE wolle Kritiker einschüchtern. Dieser Sachverhalt wiederum wurde von vielen aufgegriffen, sodass auch der Protest der eigentlichen Kampagne weitergetragen wurde. Immer mehr Organisationen beteiligten sich und Berichte auf taz.de, jungewelt.de, horizont.net, heise.de und anderen Plattformen folgten. Daran schloss sich ein Radiointerview mit der Geschäftsführerin von urgewald, die Gründung einer Facebook-Gruppe und die Veröffentlichung von Kommentaren auf Twitter an. Im Oktober 2009 reagierte RWE auf knapp 30.000 Protestmitteilungen mit dem Rückzug der gehegten Finanzierungspläne.[239]

---

[238] vgl. Staud (2009), klima-luegendetektor.de; vgl. Beckedahl (2009), netzpolitik.org; vgl. Steffens (2009b), blog.greenaction.de
[239] vgl. Schücking (2009a; 2009b), urgewald.de; vgl. .ausgestrahlt e.V. (2009a; 2009b), ausgestrahlt.de

Autorenschaft und Glaubwürdigkeit

Die untersuchten Blogs werden von Menschen geführt, die sich intensiv mit Nachhaltigkeit aus mannigfaltigen Blickwinkeln beschäftigen. Sie werden sowohl von einzelnen Autoren als auch von Gruppen bis zu fünfzehn Schreibenden betrieben, die aus unterschiedlichen Fachrichtungen kommen. Unter ihnen finden sich Hochschulabsolventen, Doktoranden, Vertreter aus Journalismus, Soziologie, Web- und Grafikdesign, Informatik, PR-Beratung, Kommunikations- und Betriebswirtschaft sowie Geschäftsführer, Agenturinhaber und Gründer junger Startups.

Viele der Autoren engagieren sich beruflich oder privat für nachhaltige Projekte. Unter anderem organisiert der Betreiber von karmakonsum.de, der nebenbei als Yogalehrer arbeitet, die KarmaKonsum Konferenz, eine Fachtagung über Nachhaltigkeit und neogrüne Lebensstile. Der Autor von lohaslifestyle.blogspot.com unterhält neben seinem Blog die Plattform lohas.de und das Produktportal lohas-guide.de. Ihm wird nachgesagt, „die sich abzeichnende Entwicklung der LOHAS weltweit verfolgt und die Verbindung zwischen Internet und sozialen Strömungen mit den Infoportalen im deutschsprachigen Raum umgesetzt"[240] zu haben. Der Mitbegründer von nachhaltigkeits-guerilla.de ist Vorstand des Vereins Nachhaltigkeitsguerilla e.V., war bereits in vielen Organisationen aktiv (Zentrum für Umweltkommunikation, Nachhaltiger Filmblick, BMU und viele mehr) und gab themenrelevante Publikationen heraus. Alles-was-gerecht-ist.de ist ein Projekt des Vereins Sozialhelden e.V., der sich wie der Name sagt, für soziale Projekte stark macht und einer der Blogger von ecofashionjunkies.com/blog ist gleichzeitig der Initiator des ersten deutschen Carrotmobs in Berlin. Die Autoren von blog.einfach nachhaltig.de und lilligreen.de eröffneten kürzlich jeweils einen eigenen Online-Shop für nachhaltige Produkte. Dieser enge Bezug aller Bloggenden zum Nachhaltigkeitsthema lässt ihre Tätigkeit des Schreibens in einem glaubwürdigen Licht erscheinen. Verstärkt wird dieser Eindruck durch die Selbstbeschreibung ihrer Überzeugungen. Bei lohas-blog.de ist zu lesen:

---

[240] MedienMittwoch (2006), medienmittwoch.de

„Heute mit 50+ bin ich reifer und habe viel ungewöhnliche Erfahrungen dazu gewonnen. Gelebte Spiritualität, Demut vor dem Leben und seinen großartigen Schöpfungen, hat manches in mir und in meiner Arbeit verändert. Aber es hat auch die Begeisterung erhöht, Menschen oder Dinge, die von besonderem Wert sind, innerlich oder äußerlich mit meinem Können intensiv zu unterstützen."[241]

Konsumpf.de begründet seine Blogaktivität so:

„Erst Anfang 2008, als mir der Zufall das Buch (…) in die Hände spielte, wurden mir die Augen geöffnet und ich entdeckte, dass ich mit meinem Unbehagen und meiner Ablehnung der Reklameindustrie nicht alleine stehe, sondern dass es seit Jahren eine aktive Gegenbewegung zur Kommerzgesellschaft gibt. Fortan beschäftigte ich mich vermehrt intensiv mit Literatur zum Thema ‚Globalisierungskritik' und allem, was dazu gehört, und schließlich wuchs in mir nicht nur die Wut (…), sondern auch die Überzeugung, dass ich sowohl meinen Konsum umstellen ((…) keine Einkäufe bei Discountern, Ökostrom, mehr Biowaren, Vermeiden von Produkten von Firmen mit asozialer Unternehmenspolitik, keine werbefinanzierten Zeitschriften mehr, kein Privatfernsehen etc.), als auch aktiv etwas unternehmen muss. Dies umfasst sowohl konkrete Culture Jamming-Aktionen als eben auch diese neue Website."[242]

Dass der Beitrag der Blogs an der Nachhaltigkeitskommunikation insgesamt als sehr authentisch und vertrauenswürdig einzuschätzen ist, hat noch weitere Gründe. Die Bloginhalte spiegeln deutlich das eigene Interesse und die tiefe Überzeugung wider und offenbaren persönliche Erfahrungen und Ansichten zum Thema. Einige Weblogs tragen Banner für die CO_2-Freiheit ihres Auftritts (durch Unterstützung entsprechender Initiativen, die beispielsweise einen Baum pro Blog pflanzen oder CO_2 mittels Carbon-Offsets kompensieren). Die Autoren setzen sich mit ihrer Teilnahme an Aktionen für die Ideale der Nachhaltigkeitsszene ein und rufen zur weiteren Verstärkung eigene Projekte ins Leben. Dass die Bewegung nicht virtuell bleibt, zeigen darüber hinaus Blogger-Treffen. Im Rahmen der Messe BioFach 2008 und 2009 trafen sich einige der Nachhaltigkeitsblogger, lernten sich persönlich kennen und tauschten sich über

---

[241] Mueller (2007), lohas-blog.de
[242] Marwitz (2008b), konsumpf.de

Themen und Motive ihres Schreibens aus.[243] Aufgrund ihres tiefergehenden Fachwissens und Erfahrungsschatzes fungieren sie für die Leser als Experten. Ausführliche Quellenbeläge, der Einbezug internationaler Daten und die Möglichkeit, **Kommentare** zu hinterlassen, vergrößern die Vielfalt an Informationen und Meinungen. Anmerkungen der Blogbesucher führen nicht selten zu einer regen Diskussion, die für alle weiteren Leser verfolg- und ergänzbar bleibt. Dabei schwankt die Anzahl der Kommentare je nach Brisanz des Themas und Interesse der Leserschaft. Zwar werden auf einigen Blogs die Kommentare manuell freigeschaltet, um Spam oder diskriminierende Beiträge auszusortieren, dennoch werden kritische oder korrigierende Einträge – soweit nachvollziehbar – mehrheitlich aufgenommen, erwidert oder um eigene Blogartikel ergänzt und verlinkt.

Dieses „unter Bloggern besonders ausgeprägte Phänomen der Selbstkorrektur"[244] trägt ebenso wie die Anzahl der **Verlinkungen** zur Glaubwürdigkeit bei. Getreu dem Motto „Qualität geht in der Blogosphäre einher mit kollektiver Bestätigung"[245] wird der Wert eines Blogs durch die Anzahl der Verweise auf dieses (mit-)bestimmt.[246] Auch für die untersuchten Blogs wäre es interessant zu erfahren, welchen Einfluss sie innerhalb der Blogosphäre haben. Dies wäre nach Nitz und auf Basis der Vorgehensweise von bloginfluence.net anhand der reduzierten Formel: „Einfluss = Verlinkung x Blog-Leser-Anzahl" möglich.[247] Allerdings lässt sich die Link- und Leser-Anzahl als Außenstehender nur schwer beziehungsweise gar nicht erfahren. Es gibt zwar Angebote wie technorati.com, alexa.com, blogpulse.com oder andere Rankingtools, die Rückschlüsse auf die Bekanntheit und Bedeutsamkeit zulassen, aber aus mehreren Gründen wurde an dieser Stelle nicht auf sie zurückgegriffen. So liefert jedes Angebot, in Abhängigkeit seiner lokalen Gebundenheit und techni-

---

[243] siehe bloggertreffen.org
[244] Fischer (2007), S. 32
[245] ebd.
[246] vgl. ebd.
[247] vgl. Nitz (2006), soso.onitz.de

schen Voraussetzungen, unterschiedliche Ergebnisse. Darüber hinaus sind bei keinem alle Analyseblogs gelistet. Damit sind die Bedingungen für eine echte Vergleichbarkeit der Daten und die Ableitung einer gültigen Aussage nicht gegeben. Nur beispielhaft sollen im Folgenden die Werte von vier Blogs aus der Statistik von blogsocoop.net (Stand 17.11.2009) erwähnt werden, um zu zeigen, wie viele Seitenaufrufe, Artikel und Kommentare erfasst wurden. Anhand der Zahlen lässt sich erkennen, welche Relevanz die Blogs für ihre Leser besitzen.

- konsumpf.de (Start des Blogs im Oktober 2008, registriert bei blogoscoop.net seit März 2009): 143.339 Seitenaufrufe, 286 Artikel und 269 Kommentare
- umgebungsgedanken.momocat.de (Start des Blogs im Juni 2006, registriert bei blogoscoop.net seit August 2008): 60.150 Seitenaufrufe, 295 Artikel, 757 Kommentare
- betterandgreen.de (Start des Blogs und registriert bei blogoscoop.net seit Februar 2009): 30.243 Seitenaufrufe, 163 Artikel, Kommentare nicht erfasst, obwohl vorhanden
- blog.einfachnachhaltig.de (Start des Blogs und registriert bei blogoscoop.net seit September 2008): 38.435 Seitenaufrufe, 248 Artikel, Kommentare nicht erfasst, obwohl vorhanden

Um zu sehen, welche Beziehung zwischen den Blogs – sozusagen innerhalb der Nachhaltigkeitsblogosphäre – besteht, wurde ihr **Netzwerk** visualisiert (Stand: 15.11.2009). Da es kaum möglich ist, verlässliche Daten über sämtliche Linkvarianten, vor allem über Verweise aus Artikeln und Kommentaren zu erhalten, war die Auswertung ursprünglich auf Basis der Blogrolls geplant. Denn diese Form der Linksammlung gilt „als Anzeichen für eine relativ stabile virtuelle, soziale Beziehung"[248], unter anderem deshalb, da 88 Prozent der Autoren, die eine Blogroll besitzen, (fast) alle der eingetragenen Seiten regelmäßig besuchen und lesen.[249] In die Netzwerkanalyse flossen dennoch zusätzlich herkömmliche Linklisten ein. Die Gründe dafür liegen einerseits in der uneinheitlichen Nutzung und Pflege von Blogrolls durch die Blogbetreiber: Einer Studie von Erlhofer und Bucher zufolge werden jene meist nur „by chance", das heißt bei einem Relaunch, dem Entdecken neuer interessanter Weblogs

---

[248] Erlhofer/Bucher (2008), S. 4
[249] vgl. ebd., S. 11

oder der Änderung von Lesegewohnheiten aktualisiert.[250] Darüber hinaus gibt es viele Autoren, die keine Blogroll führen, hingegen eine geordnete Linkliste pflegen oder ihre favorisierten Blogs per Feedreader abonnieren. Oft wird daraus auch eine explizite Empfehlungsliste, sodass zu vermuten ist, dass auch diese Sammlung eine höhere Bedeutung für die Beziehungen innerhalb der Nachhaltigkeitsszene hat. Als Auswahlkriterium wurde daraufhin festgelegt, dass aus den Linkverzeichnissen nur deutsche Blogs mit explizitem Nachhaltigkeitsbezug gewählt wurden. Das Ergebnis findet sich in Abbildung 6, wobei die 18 Analyseblogs und ihre Verbindungen untereinander dunkler hervorgehoben sind und die Pfeile die Richtung der Verweise anzeigen. Demensprechend sind deren ausgehende Verbindungen zu anderen Nachhaltigkeitsblogs heller gekennzeichnet.

---

[250] vgl. Erlhofer/Bucher (2008), S. 1 ff.

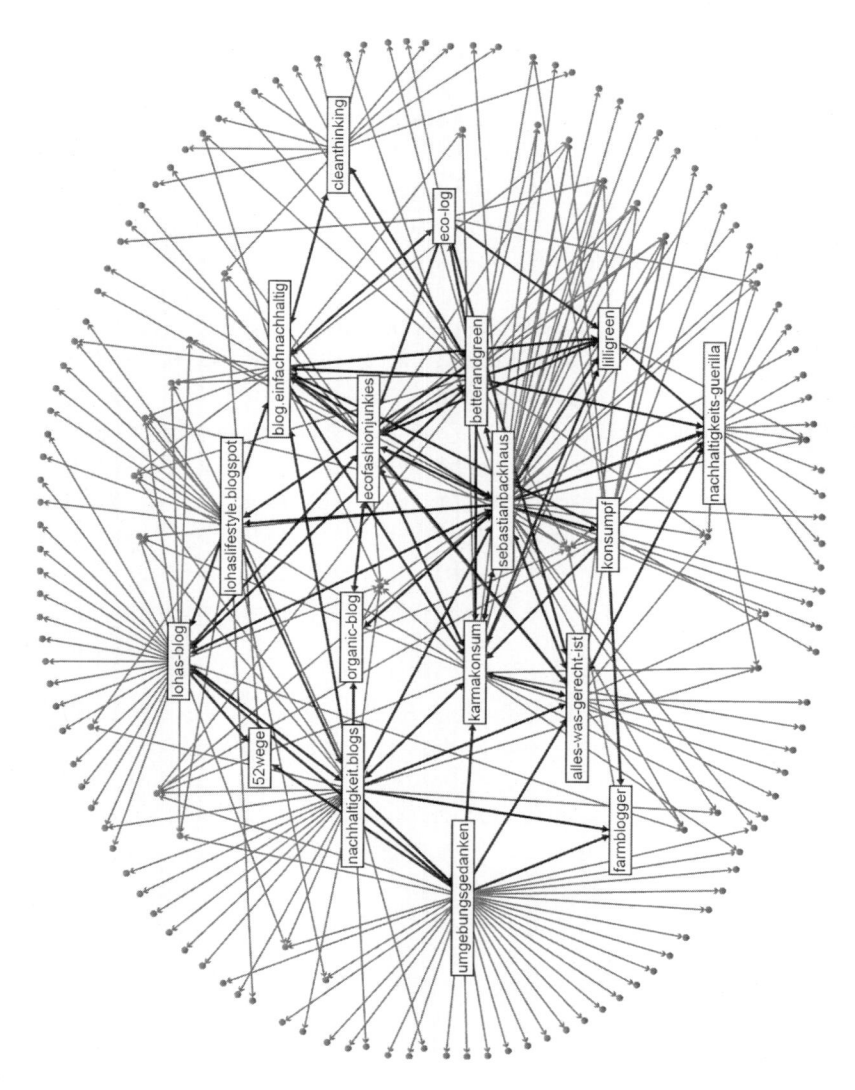

Kommunikation von Nachhaltigkeit im Web 2.0   133

Abbildung 6:   Visualisierung des Netzwerks der Nachhaltigkeitsblogs

Beispielhaft lässt sich der vorliegende Ausschnitt des Netzwerks nach dem zentralsten Akteur befragen. Der Status der Zentralität ist verbunden mit der Vermutung, „Zugang zu Netzwerkressourcen, Kontrollmöglichkeiten und Informationen"[251] zu besitzen und eine dementsprechend machtvolle Position innezuhaben. Nach Freeman lässt sich dieser Zentralitätsindex mittels drei Faktoren bestimmen. Zum Ersten wird er durch die Anzahl direkter Verbindungen ermittelt (*Degree*). Eingehende Links stehen dabei für Prestige, ausgehende für die Integriertheit des Blogs im Netzwerk. Interpretierbar ist die Anzahl der Außenbeziehungen demzufolge mit der möglichen Kommunikationsaktivität des Akteurs. Zum Zweiten sagen kurze Pfaddistanzen etwas über Zentralität aus (*Closeness*): Blogs, die über keine oder wenig zwischengeschaltete Blogs miteinander verbunden sind, sind selten auf Vermittlungsdienste angewiesen. Das bedeutet, dass Informationen bei ihnen ohne großartige Verzerrungen oder Inhaltsverluste ankommen und dementsprechend konsistent weitergegeben werden können. Zum Dritten ist der Akteur am zentralsten, „der für viele Paare im Netzwerk auf deren kürzesten Verbindungsstrecken liegt"[252]. Derartige Blogs werden somit oft als „Makler" benutzt, weshalb ihre Position auf eine mögliche Kontrolle über Aktivitäten und Kommunikationsfluss im Netzwerk hinzuweisen scheint.[253]

Von den 18 Analyseblogs sticht eindeutig der Blog sebastianbackhaus.wordpress.com als zentraler Akteur heraus. Er verfügt insgesamt über 53 direkte Verbindungen, davon 44 ausgehende und neun eingehende. Auch karmakonsum.de wird von neun der 18 Analyseblogs verlinkt, allerdings verweist er nur auf 19 andere Blogs. Die größte Closeness- und Betweenness-Zentralität weist ebenfalls sebastianbackhaus.wordpress.com auf. Der Blog, dessen Autor sich sowohl beruflich als auch privat mit „Marketing, Medien und Nachhaltigkeit" befasst, ist demnach am stärksten im Netzwerkausschnitt eingebettet. Anhand sei-

---

[251] Jansen (2006), S. 127
[252] ebd., S. 131
[253] vgl. ebd., S. 131 ff.; vgl. Götzenbrucker (2006), univie.ac.at

ner Lage lässt sich vermuten, dass er schnellen Zugang zu Informationen hat und deren Weiterverbreitung beeinflussen kann.

Allein bei der Aufnahme der ausgehenden Links der 18 Analyseblogs führen die Verbindungen zu 144 weiteren Blogs mit explizitem Nachhaltigkeitsbezug. Würden auch ihre Verknüpfungen einbezogen, würde sich die Auswertung selbstverständlich ändern. Es ist aber deutlich zu erkennen, dass ein ausgeprägtes Potential zur Streuung von Nachhaltigkeitsthemen besteht. Ebenfalls gilt es zu beachten, dass die Wahl der untersuchten Blogs nach gänzlich anderen Kriterien als ihrer Verbindung zueinander stattfand. Es wurde unter anderem Wert auf große Vielfalt der Zugänge zum Thema gelegt. Dennoch zeigt das bestehende Netzwerk, dass zahlreiche Verknüpfungen zwischen den Blogs existieren, was auf einen Zusammenhalt in der Nachhaltigkeitsblogosphäre hinweist.

Dass es sich bei den Nachhaltigkeitsblogs um ein noch junges Phänomen handelt, zeigen die Daten des Beginns der Blog-Aktivitäten. Die Mehrheit (acht der 18 Blogs) startete im Jahr 2008 seine Arbeit, vier im Jahr 2007 und jeweils zwei in den Jahren 2005, 2006 und 2009. Die **Aktualität** zeigt sich in den Abständen der Neueinträge, die zwischen mehreren Einträgen täglich und wenigen im Monat variiert. Im Großen und Ganzen werden die Inhalte regelmäßig und beständig gepflegt. Der **Sprachstil** der Blogs ist verständlich, anschaulich, teils locker, teils tiefgründig, aber mehrheitlich persönlich und in der Ich-/Wir-Perspektive formuliert. Auch wenn die individuelle Note des Autors/der Autoren spürbar ist und die Motivation zum Schreiben sowohl aus privaten wie beruflichen Gründen erfolgt, vermitteln die Texte das Gefühl, den Lesenden auf einer gleichwertigen Ebene anzusehen. Er wird nicht belehrt oder unterschätzt, sondern eingeladen, sich mit einer bunten Mischung von Nachhaltigkeitsthemen zu beschäftigen und die Meinung der Autoren zu erfahren.

4.4.3 Einschätzung

Die Möglichkeiten der Kommunikation von Nachhaltigkeit im Web 2.0 sind außerordentlich vielgestaltig. Über die leichte Bereitstellung von Informationen und Ansichten, über das Zusammenfinden Gleichgesinnter durch Vernetzung und die Aktivierung zu On- und Offline-Kampagnen, können nachhaltige Botschaften schnell verbreitet werden. Ortsungebunden kann ein Austausch zwischen Vertretern aller Richtungen erfolgen. Vereine, Organisationen, Unternehmen, Wissenschaftler und Privatpersonen können sich gegenseitig unterstützen, voneinander lernen und die Nachhaltigkeitsidee weitertragen. Im Web 2.0 wird ihr Wissen gebündelt und bleibt für hinzukommende Interessenten (meist) lange Zeit erhalten.

Auch bei den Weblogs finden sich Vertreter aller Gruppen als Produzenten von nachhaltigkeitsbezogenen Inhalten. Besonders an einer Veränderungsbewegung beteiligt sind diejenigen Autoren, die in umfassender Auseinandersetzung – vor allem aus Sicht des kritischen Konsumenten – Dinge hinterfragen, überprüfen, aufklären und somit eine gewisse Transparenz schaffen. Mit ihren Texten, in denen sie Diskussionen initiieren und zum Nachdenken anregen, Ablehnung ausdrücken und zu Boykott oder Prostest aufrufen, können sie Druck auf Unternehmen und Politik ausüben. Gemeinsam können mehrere Blogs Themen so bekannt machen, dass die klassischen Medien sie aufgreifen und ihnen weitere Popularität verleihen. Dadurch ist es möglich, noch mehr Menschen mit den betreffenden Inhalten zu erreichen.

Die Nachhaltigkeitsblogs sind durch gute Vernetzung, Professionalität (umfangreiche Recherchen, Quellenangaben, korrekte Rechtschreibung, ansprechendes Design, kontinuierliche Pflege) und eine große Themenvielfalt gekennzeichnet. Umwelt- und Tierschutz, die Vorstellung und Empfehlung nachhaltiger Veranstaltungen, Medien, Produkte und Projekte werden gleichermaßen fokussiert wie explizite Fragen danach, was heute getan werden kann, um die Zukunft sozial, ökologisch und ökonomisch gerecht zu gestalten. Auffällig ist die oft sehr tiefgehende Auseinandersetzung mit den gewählten Themen, ihre mehrseitige Betrachtung sowie die Offenheit für internationale Quellen und Neuigkeiten.

Bezüglich der Art und Weise der Kommunikation lassen sich die gefundenen Kategorien nur schwer voneinander trennen. Oft sind Informationen, Tipps, Aufklärung, Kritik, Denkanstöße und Aktionsaufrufe in den Beiträgen miteinander verbunden. Während all diese Formen für sich bereits geeignet sind, Nachhaltigkeit zu explizieren, verstärkt ihre Verschmelzung die Fähigkeit der Leitbildvermittlung.

Selbst bei verschiedenen Schwerpunktsetzungen der Blogs – von fachspezifischen Plattformen bis hin zu allgemein gehaltenen Informationssammlungen – wird Nachhaltigkeit immer mehrdimensional betrachtet. Oft zeigt sich bereits in der Blog-Namenswahl ihre Kernausrichtung, indem Worte wie *Nachhaltigkeit, nachhaltig, green, eco* oder *LOHAS* auftauchen. Diesbezüglich kann der selbstverständliche, eindeutige und korrekte Begriffsgebrauch bei den betrachteten Blogs betont werden. Im gleichen Atemzug bezeichnen sich viele Blogger selbst als LOHAS-Anhänger (nicht nur diejenigen, deren Blog so heißt). Gemeinsam mit dem Ausleben dieses Lebensstils und der Affinität zu Web 2.0-Anwendungen wie den Blogs, Microblogs (15 der 18 haben einen Twitter-Account), Social Communities und Social Networks spricht man von ihnen als „Öko 2.0"[254] oder aus Marketingsicht gar von einem neuen Konsumenten-Typ: dem PARKO. Diese Abkürzung steht für „Partizipativer Konsument" und wurde von der Agentur Zucker.Kommunikation geprägt.[255] Verstanden werden sie als „aktive Marktteilnehmer, die bei ausgeprägter Nutzung des Internets nicht nur bewusst konsumieren, sondern sich auch aktiv und kritisch mit der Kommunikationsarbeit von Unternehmen und Marken auseinandersetzen und Veränderungen fordern"[256].

Dass Blogger tatsächlich Einfluss auf die Meinung der Leser nehmen können, liegt daran, dass sie als glaubwürdige und authentische Quellen von Wissen und Informationen wahrgenommen werden, obwohl ihre bereitgestellten Inhalte selektiv sind, da sie wählen können, über welche Neuigkeiten sie berichten wollen und über welche nicht. Die Nachhaltig-

---

[254] Stauss (2008), S. 13
[255] vgl. Bonjer/Kottowitz (2009a), S. 3 ff.
[256] Bonjer/Kottowitz (2009b), zucker-kommunikation.de

keitsblogger können durch ihren privaten wie beruflichen Bezug zur Thematik, die Preisgabe ihrer Identität, die Äußerung ihrer Meinung und ihre Beteiligung an Aktivitäten (eigene Aktionen, Weiterverbreitung anderer Kampagnen, Vereins- und Unternehmensgründungen) Vertrauen aufbauen. Sowohl in der Kommentarfunktion der einzelnen Blogs als auch in der Nachhaltigkeitsblogosphäre insgesamt, werden unterschiedliche Ansichten zugelassen und ausdrücklich gewünscht. Des Weiteren werden Beiträge oft mit anderen Quellen (unter anderem Webseiten von Presse oder Unternehmen) verlinkt. Dies fördert – durch die verschiedenen Sichtweisen zu einer Angelegenheit – die Meinungsvielfalt und die Möglichkeit zur individuellen Meinungsbildung. Die Vernetzung trägt wiederum dazu bei, dass die Blogger Zugriff auf viele Informationen haben und damit ihre eigenen und gleichermaßen die der anderen gegenprüfen können, was einer Kontrollfunktion innerhalb des Netzwerks gleichkommt.

Diese Erkenntnisse decken sich mit aktuellen Studien über Glaubwürdigkeit von User-generiertem Content. Wird nach dem Vertrauen in Unternehmenskommunikation, klassische Medien, Experten, Familienangehörige und Freunde sowie allgemeine und nutzergenerierte Inhalte im Internet gefragt, so stehen letztgenannte direkt nach Meinungen von Familie und Freunden auf dem zweiten Platz.[257] Die Blogstudie von Zerfaß und Bogosyan bestätigt ebenfalls die hohe Glaubwürdigkeit von Blogs.[258] In Anbetracht dieser Tatsache ist davon auszugehen, dass diese Blogs das Bewusstsein für nachhaltige Verhaltensweisen ausbilden und stärken können. Zwar nutzen vermutlich in erster Linie interessierte und vorgebildete Leser diese spezialisierten Blogs, dennoch besteht aufgrund der weitverzweigten Vernetzung (auch von und zu nicht nachhaltigkeitsbezogenen Blogs) eine hohe Wahrscheinlichkeit, dass andere Besucher „zufällig" auf diese Seiten stoßen. Im Endeffekt machen die verschiedenen Kompetenzen der Blogger die Blogosphäre zu einem wertvollen Wissensschatz, der so umfangreich ist, dass für viele Leser etwas von

---

[257] vgl. Rieker (2009), blog.initiativemedia.de
[258] vgl. Zerfaß/Bogosyan (2007), S. 10 f.

Interesse dabei sein dürfte. Schlussendlich können aber nicht nur die Texte überzeugend wirken, sondern auch die Blogger selbst als Vorbilder fungieren. Einerseits verdeutlichen die von ihnen beruflich wie privat durchgeführten Aktivitäten, über die sie berichten, dass Veränderungen möglich sind. Andererseits können ihre Lebensumstände (beispielsweise ist der Verfasser von betterandgreen.de/blog Vater von drei Kindern und einige Blogger sind Unternehmensgründer) für Menschen in ähnlichen Situationen oder beruflichen Positionen motivierend für die Integration von Nachhaltigkeit ins eigene Leben sein.

5 Vergleichende Zusammenfassung der Untersuchung und Fazit

Ziel der vorliegenden Arbeit war es, den gegenwärtigen Stand der Kommunikation von Nachhaltigkeit in Fernsehen und Web 2.0 zu untersuchen. Dabei waren in erster Linie die zur Vermittlung des Leitbilds eingesetzten Methoden und Formen von Interesse, ergänzend dazu ihre inhaltlichen und qualitativen Aspekte.

Zunächst galt es, in einer ausführlichen Auseinandersetzung mit dem Konzept der Nachhaltigkeit, die Verständnisgrundlagen für deren Relevanz, Komplexität und Notwendigkeit der weiteren Ausdifferenzierung sowie der Beteiligung aller Akteure zu legen. Im Anschluss daran erfolgte die Betrachtung von Aufgaben und Zielen der Nachhaltigkeitskommunikation sowie den besonderen Bedingungen ihres mediengestützten Einsatzes. Die Sichtung des bisherigen Forschungsstands ergab, dass auf dem Gebiet der TV-Kommunikation mehrere wissenschaftliche Initiativen gestartet wurden, um die anfängliche Ablehnung zahlreicher Journalisten und Programmverantwortlicher zu verringern und Methoden zur Popularisierung des Leitbilds zu entwickeln. Bezüglich des Web 2.0 respektive den Weblogs ließen sich keine Pendants finden.

Die Analyse der **Fernsehsendungen** offenbarte sieben methodische Vorgehensweisen, die teilweise miteinander kombiniert, teilweise einzeln eingesetzt werden. Dazu gehört die Gegenüberstellung von nachhaltigen versus konventionellen Sachverhalten, bei der zur Unterstützung der Argumentation Vorteile herausgestellt werden, die einen hohen Stellenwert für die meisten Menschen besitzen: Gesundheit, Qualität und Kosteneinsparungen. Des Weiteren gibt es konkrete Tipps für den Alltag, direkte Apelle oder aufklärende Beiträge. Letztere beginnen häufig mit einer (Straßen-)Umfrage, um anhand der abgegebenen Antworten, die Notwendigkeit der Aufklärung zu verdeutlichen. Dazu kommt nicht selten ein Experte zu Wort. Werden Praxistests durchgeführt, beginnt die Sendung des Öfteren mit dem Äußern von Klischees und Vorurteilen, die in den meisten Fällen durch das Durchführen des Tests ausgeräumt werden. Darüber hinaus werden alltagsnahe und prominente Vorbilder eingesetzt sowie der erwünschte Wandel in der Gesellschaft als Trend hervorgehoben.

Inhaltlich überwiegt sowohl bei privaten als auch öffentlich-rechtlichen Sendern die umweltbezogene Thematisierung. Statt der dreidimensionalen Einheit von ökologischen, wirtschaftlichen und sozialen Belangen, dominiert der Zugang über natur-, umweltschutz- und energierelevante Gesichtspunkte. Dies spiegelt sich in Themen wie Bio-Lebensmittel, Öko-Kleidung und -Strom, CO_2-Ausstoß-Problematik und Energiesparen – häufig noch ohne Bezug zur Bedeutung dieser Dinge für die nachhaltige Entwicklung – wider. Das Fernsehen scheint hier zum Teil noch im Status der Fortführung bereits etablierter Umweltkommunikation zu verharren.

Qualitativ herrschen deutliche Unterschiede zwischen beiden Fernsehanbietern. Während sich die öffentlich-rechtlichen Programme in mehrheitlich fachbezogenen Sendungen, Nachrichten und einigen Service-, Verbraucher- und Kindermagazinen an die Auseinandersetzung mit dem komplexen Grundsatz nachhaltiger Entwicklung heranwagen, scheuen die Privatsender die Konfrontation mit diesem Thema. Dies zeigt sich unter anderem darin, dass sich bei letzteren nur schwer Sendungsbeispiele finden lassen und darunter keine, in denen der Nachhaltigkeitsbegriff explizit vorkommt. Diese wenigen Sendungen der Privaten fallen zudem insgesamt durch einen eher einseitigen, oberflächlichen, klischee- und vorurteilsbehafteten sowie unsachlichen Auftritt auf, während die Beiträge der Öffentlich-Rechtlichen häufig klarere Botschaften vermitteln, kritisch hinterfragen, mehrseitig argumentieren und zuweilen den Nutzen für gegenwärtige und zukünftige Generationen betonen.

Die Untersuchung der **Weblogs** (als typischste Vertreter des Web 2.0) ergab, dass sich die Vermittlungsformen ihrer Artikel nach Informationen und Tipps, Aufklärung und Kritik, Denkanstöße und Aktionen mit Aufruf zur Beteiligung klassifizieren lassen – in mehrheitlicher Überschneidung dieser Kategorien.

Bezogen auf die Qualität und den Inhalt der Weblogs kann von einer fundierten und tiefgründigen Auseinandersetzung gesprochen werden. Dies äußert sich in der integrativen Betrachtung aller zur Nachhaltigkeit gehörenden Facetten sowie der Darstellung von Beziehungen und Wechselwirkungen der Dimensionen. Obwohl die Blogger unterschiedliche Themenschwerpunkte für ihren Auftritt festlegen und ihre Sichtweise durch verschiedenste Einflüsse geprägt ist, werden in der Gesamtheit ihrer Artikel ökologische, ökonomische und soziale Kriterien vereint. Auch der selbstverständliche Umgang mit Fach- und Szenebegriffen sowie mit dem Nachhaltigkeitsbegriff an sich, lässt auf ein ausgeprägtes Verständnis und eine in den persönlichen Alltag übernommene Auffassung schließen. Dies wird dadurch unterstrichen, dass alle Autoren einen privaten und/oder beruflichen Bezug zur Nachhaltigkeitsbewegung aufweisen, sich in ihren Texten positiv über diese äußern, eigene Unternehmen wie Unternehmungen ins Leben rufen, an Aktionen und Veranstaltungen teilnehmen und somit aktiv an der Verbreitung und Ausgestaltung des Leitbilds mitwirken. Sie selbst können daher als Vorbilder zur Beteiligung an einer nachhaltigen Entwicklung dienen.

Im **Vergleich** von Fernsehen und Weblogs zeigt sich, dass sich die gefundenen Methoden- beziehungsweise Formensets, die inhaltlichen Schwerpunkte und die qualitativen Eigenschaften der Nachhaltigkeitskommunikation deutlich unterscheiden. Dies ist mit den verschiedenen Produktions- und Rezeptionsbedingungen sowie den daraus resultierenden differenzierten Herangehensweisen an die Inhaltsweitergabe begründbar. Dennoch sind alle gefundenen Kategorien grundsätzlich gleichermaßen gut geeignet, leitbildbezogene Aspekte darzustellen. Die Untersuchung verdeutlichte jedoch, dass Blogs besser in der Lage sind, herausgegriffene Exempel in das Gesamtkonzept der Nachhaltigkeit einzubetten. Im TV hingegen wird die ganzheitliche Darstellung oft vernachlässigt, sodass dem Zuschauer die Mehrdimensionalität, Zukunftsorientierung und globale Ausrichtung nur schwer ersichtlich ist. Des Weiteren lässt sich feststellen, dass die Kommunikation innerhalb der Blogs lockerer, authentischer, überzeugender, vielfältiger und häufig besser recherchiert wirkt. Inhaltlich wird über Grundsatzdebatten (wie Strom-, Wasser-, Wärmesparen oder nachhaltigen Konsum) hinausgegangen, werden Konsumgewohnheiten in Frage gestellt und Themen wie Verzichtsgedanken offen angesprochen. Im Fernsehen hingegen wird, um die Mehrheit der Zuschauer nicht abzustoßen und Einschaltquoten zu sichern, behutsam vorgegangen und stets betont, dass kein Verzicht und keine Einbuße an Lebensqualität zu befürchten sind.

Zusammenfassend ergibt sich die Erkenntnis, dass die Vermittlung *ganzheitlicher* Nachhaltigkeit im TV noch am Anfang steht. Demgegenüber existiert im Web 2.0 eine wachsende nachhaltigkeitsbezogene Aktivität. In Social Communities und Networks, Microblogs und Wikis werden nachhaltige Gruppen gegründet, Kampagnen ausgelöst und Beiträge veröffentlicht, die sich durch Vernetzung und dem damit einhergehenden viralen Effekt schnell und leicht verbreiten. Seit den letzten Jahren nimmt auch die Zahl der Blogs, die Nachhaltigkeit zur Hauptsache erklären, zu. Für sie scheint die Thematik nicht nur eine kurzfristige, trendige Angelegenheit zu sein, sondern eine Einstellung.

Da das Fernsehen in Zukunft voraussichtlich an bestehende Regeln der Medienproduktion gebunden bleibt, erscheint eine intensivere Verbindung beider untersuchter Medienformen sinnvoll und zwar in dem Sinne, dass die Blogs als Erweiterung des Fernsehens fungieren. Während das Fernsehen einen ersten Zugang zur Auseinandersetzung mit Nachhaltigkeit bieten und einfache Tipps weiterreichen kann, können diesem Anstoß folgend, Weblogs zur Vertiefung von Wissen genutzt werden. Denn sie beherbergen vielfältigere, oft im TV nicht vorkommende Informationen und sorgen mit ergänzenden Fakten für mehr Transparenz. Auch der essentielle Dialog zur steten Aushandlung einzelner Umsetzungsschritte und gesellschaftsabhängiger Teilziele des Nachhaltigkeitsleitbilds kann im Web 2.0 effektiver zwischen allen Akteuren ausgehandelt werden.

Was die Nutzung möglicher Potentiale des Fernsehens betrifft, so sollten die Stärken des audiovisuellen Mediums besser ausgeschöpft werden, um die Vielschichtigkeit des Nachhaltigkeitskomplexes in einzelne Teilaspekte zu zerlegen und anhand anschaulicher Beispiele zu transportieren. Eben weil es schwer ist, Menschen zu motivieren, sich hier und heute für eine Zukunft zu engagieren, die sie womöglich nicht erleben oder sich für andere statt für sich selbst einzusetzen, müssen überzeugende Wege gefunden werden. Das bedeutet, dass im Fernsehen eine Format- und Inhaltserweiterung notwendig ist. Beispielsweise könnte intensiver über neuartige Unternehmenskonzepte, nachhaltige Tätigkeiten von Vereinen und Organisationen, Aktionen von Schülern, Jugendlichen und engagierten Privatpersonen, kulturelle Aktivitäten sowie Bestrebungen der Politik und Bildungsangelegenheiten berichtet werden. Damit auch die weniger Interessierten erreicht und neugierig gemacht werden, sollte die Vermittlung in einem lockeren, alltagsnahen, nichtwissenschaftlichen Kontext geschehen, das heißt integriert in spannende Geschichten und durch Vorleben von sympathischen und den Zuschauern ähnlichen Personen. Dazu eignen sich unter anderem Unterhaltungssendungen wie Reality- oder Dokusoaps, Talkshows oder Infotainmentmagazine. Allerdings sollte auch in dieser Situation der Zuschauer nicht unterschätzt und ein entsprechendes Niveau gehalten werden sowie eine korrekte Recherche von Sachinformationen zugrunde liegen.

Günstig für das Fernsehen wäre es ferner, die aktuelle Chance des allgemeinen Interesses an den Werten des Leitbilds nutzen. Besonders in Zeiten, in denen viele Menschen durch die Wirtschaftskrise verunsichert sind, Misstrauen gegenüber großen Konzernen hegen und sich nach Sicherheit und Glaubwürdigkeit sehnen, ist es stimmig, intensiver auf nachhaltige Themen zu setzen. Dies könnte wesentlich dazu beitragen, das Verständnis für Nachhaltigkeit zu vergrößern und daraus folgend, die Hemmschwelle eigener Beteiligung der Zuschauer zu senken.

Da im Rahmen dieser Arbeit nur eine begrenzte Anzahl von Sendungen analysiert werden konnte, bleibt abschließend anzumerken, dass mit fortführenden Untersuchungen zu prüfen bliebe, wie nachhaltige Aspekte in anderen Sendungstypen angesprochen werden. Darauf aufbauend wäre auf längere Sicht interessant, wie sich die Kommunikation von Nachhaltigkeit entwickeln wird.

Quellenverzeichnis

.ausgestrahlt e.V. (2009a): Broschüre „Atomstrom von RWE: teuer, gefährlich, dreckig". Abruf unter: http://www.ausgestrahlt.de/fileadmin/user_upload/Verteilmaterial/heft_atomstrom-von-rwe.pdf [Stand: 17.11.2009].

.ausgestrahlt e.v. (2009b): „RWE-Agentur will Atomstrom-Protest verbieten". http://www.ausgestrahlt.de/aktionen/vergangene-aktionen/artikel/0ed1f855f1/rwe-agentur-will-atomstrom-protest-v-1.html [17.11.2009].

Agenda 21 (1992): „Konferenz der Vereinten Nationen für Umwelt und Entwicklung". Abruf unter: http://www.un.org/Depts/german/conf/agenda21/agenda_21.pdf [Stand: 22.10.2009].

Alby, Tom (2008): Web 2.0. Konzepte, Anwendungen, Technologien. 3. Aufl. München: Carl Hanser Verlag.

Alexander, Jörn (2009): „Aktionsrichtlinien". Abruf unter: http://bewegung.taz.de/pages/aktionsrichtlinien [Stand: 17.11.2009].

Almsick, Franziska (2008). In: RNE (Rat für Nachhaltige Entwicklung): Der Nachhaltige Warenkorb. Ein Einkaufsführer zum Ausprobieren und Diskutieren. 2. Aufl. Berlin, S. 15.

ARE (Bundesamt für Raumentwicklung)/DEZA (Direktion für Entwicklung und Zusammenarbeit) (2007): Kommunikation für eine Nachhaltige Entwicklung. Ein Leitfaden. Bern.

Baumann, Marius (2009): „Das Critical Mass Phänomen als Form web-basierten Bürger-Aktivismus". Abruf unter: http://www.readers-edition.de/2009/08/30/das-critical-mass-phaenomen-als-form-web-basierten-buerger-aktivismus/ [Stand: 14.11.2009].

Baumgartner, Peter/Klaus Himpsl (2008): „Web 2.0: Generation ‚Prosumer'". In: Upgrade – Das Magazin für Wissen und Weiterbildung der Donau-Universität Krems, 2/2008, S. 26-29.

Beckedahl, Markus (2009): „RWE – Die Wahrheit zum Spot". Abruf unter: http://www.netzpolitik.org/2009/rwe-die-wahrheit-zum-spot [Stand: 17.10.2009].

Bente, Gary/Bettina Fromm (1997): Affektfernsehen. Motive, Angebotsweisen und Wirkungen. Opladen: Leske + Budrich.

Bentele, Günter (2008): Objektivität und Glaubwürdigkeit: Medienrealität rekonstruiert. Wiesbaden: VS Verlag für Sozialwissenschaften.

Bonjer, Matthias/Oliver Kottowitz (2009a): Grundlagenstudie „Der Partizipative Konsument" (PARKO). Empirische Überprüfung von 10 Kommunikationsregeln. Untersuchungsbericht der Agentur Zucker.Kommunikation. Berlin.

Bonjer, Matthias/Oliver Kottowitz (2009b): „13 Millionen Deutsche sind Partizipative Konsumenten". Abruf unter: http://www.zucker-kommunikation.de/home/start/artikel ansicht/article/13-millionen-deutsche-sind-partizipative-konsumenten.html [Stand: 22.08.2009].

Bönning, Matthias/Ellen Mayer (2009): „Nachhaltigkeitsanforderungen an Medienunternehmen im Kontext nachhaltiger Geldanlagen". In: uwf – UmweltWirtschaftsForum, Vol. 17, 1/2009, S. 69-73.

Brandt, Karl-Werner (1997): „Probleme und Potentiale einer Neubestimmung des Projekts der Moderne unter dem Leitbild ‚nachhaltige Entwicklung'. Zur Einführung". In: Brandt, Karl-Werner (Hrsg.): Nachhaltige Entwicklung. Eine Herausforderung an die Soziologie. Opladen: Leske + Budrich, S. 9-32.

Brandt, Karl-Werner (1999): „Kommunikation über nachhaltige Entwicklung, oder: Warum sich das Leitbild der Nachhaltigkeit so schlecht popularisieren lässt". Abruf unter: http://www.sowi-online.de/journal/nachhaltigkeit/brand.htm [Stand: 10.07.2009].

Braun, Sabine/Jens Clausen/Sabine Lehmann (2000): „Nachhaltigkeit. Jetzt! – Anregungen, Kriterien und Projekte für Unternehmen". Abruf unter: http://future-ev.de/uploads/media/Leitfaden_Nachhaltigkeit_jetzt.pdf [Stand: 07.07.2009].

Brunner, Karl-Michael (2003): „Menüs mit Zukunft: Wie Nachhaltigkeit auf den Teller kommt oder die schwierigeren Wege zur gesellschaftlichen Verankerung einer nachhaltigen Ernährungskultur". In: Scherhorn, Gerhard/Christoph Weber (Hrsg.): Nachhaltiger Konsum. Auf dem Weg zur gesellschaftlichen Verankerung. 2. Aufl. München: ökom Verlag, S. 257-267.

BUND/Misereor (1996): Zukunftsfähiges Deutschland. Ein Beitrag zu einer global nachhaltigen Entwicklung. Basel: Birkenhäuser Verlag.

Bundesregierung (2008): Fortschrittsbericht 2008 zur nationalen Nachhaltigkeitsstrategie (2008). Für ein nachhaltiges Deutschland. Berlin.

Bundesregierung (2009): Nationaler Entwicklungsplan Elektromobilität der Bundesregierung. Berlin.

Busch, Denise (2005): Das Bild Griechenlands zwischen Fremd- und Selbstwahrnehmung. Berlin: Frank & Timme.

Cervinka, Renate (2006): „Von der Umweltpsychologie zur Nachhaltigkeitspsychologie? Herausforderung, Möglichkeiten und Hürden: ein Positionspapier". In: Umweltpsychologie, 10. Jg., 1/2006, S. 118-135.

Chill, Hanni/Hermann Meyn (2000): „Funktionen der Massenmedien in der Demokratie". In: Informationen zur politischen Bildung, Heft 260. Abruf unter: http://www.bpb.de/publikationen/04309502558076112983648580539468,0,0,Funktionen_der_Massenmedien_in_der_Demokratie.html [Stand: 12.07.2009].

CHIP Communications GmbH (2009): „Sonderheft und Grüne Themen im 1. Halbjahr 2009". Abruf unter: http://www.chip.de/vbc/3196122/CHIPGreenIssue.pdf [Stand: 12.09.2009].

Die Zunft AG (2009): „Herzlich Willkommen bei Zunft[wissen]". Abruf unter: http://www.zunftwissen.org/de/index.php/Hauptseite [Stand: 12.10.2009].

DGB (Deutscher Gewerkschaftsbund) (1996): Grundsatzprogramm. Berlin.

Quellenverzeichnis

Diepenbrock, Freya (2009): „Naturinsel Drachenmühle". Abruf unter: http://www.bne-portal.de/coremedia/generator/unesco/de/05__UN__Dekade__Deutschland/02__Dekade-Projekte/Ausgezeichnete_20Projekte/projekte/1115_20Naturinsel_20Drachen m_C3_BChle,sourcePageId=31590.html [Stand: 04.07.2009].

DKMS (Deutsche Knochenmarkspenderdatei gemeinnützige Gesellschaft mbH) (2008): „DKMS wirbt in einer bundesweiten Herbst-Kampagne mit neuen Motiven". Abruf unter: http://www.dkms.de/index.php?id=334 [Stand: 12.06.2009].

Empacher, Claudia (2003): „Zielgruppenspezifische Potenziale und Barrieren für nachhaltige Konsum – Ergebnisse einer sozial-ökologischen Konsumentenuntersuchung". In: Scherhorn, Gerhard/Christoph Weber (Hrsg.): Nachhaltiger Konsum. Auf dem Weg zur gesellschaftlichen Verankerung. 2. Aufl. München: ökom Verlag, S. 455-466.

Enquete-Kommission (1994): Die Industriegesellschaft gestalten. Perspektiven für einen nachhaltigen Umgang mit Stoff- und Materialströmen. Bricht der Enquete-Kommission „Schutz des Menschen und der Umwelt – Bewertungskriterien und Perspektiven für Umweltverträgliche Stoffkreisläufe in der Industriegesellschaft" des 12. Deutschen Bundestages. Bonn: Economica Verlag.

Enquete-Kommission (1998): Konzept Nachhaltigkeit. Vom Leitbild zur Umsetzung. Abschlussbericht der Enquete-Kommission „Schutz des Menschen und der Umwelt" des 13. Deutschen Bundestages. Bonn: Dt. Bundestag, Referat Öffentlichkeitsarbeit.

Erlhofer, Sebastian/Hans-Jürgen Bucher (2008): „Blogroll-Nutzung. Erste Befunde der Blogroll-Umfrage 2008". In: Berichte des DFG-Forschungsprojkts „Netzwerkkommunikation im Internet", 08 (1), Trier.

Ernst & Young AG (2007): Studie: LOHAS. Lifestyle of Health and Sustainability. Untersuchung des Marktes für Bio- und Fair-Trade-Produkte. Stuttgart.

Fischer, Enrico (2007): Weblog & Co. Eine neue Mediengeneration und ihr Einfluss auf Wirtschaft und Journalismus. Saarbrücken: VDM Verlag Dr. Müller.

Fittkau & Maaß Consulting (2009): „Nur wenige wollen Wahl-Weblogs". Abruf unter: http://www.w3b.org/nutzungsverhalten/nur-wenige-wollen-wahl-weblogs.html [Stand: 26.10.2009].

Friedrichsen, Mike (2004): „Grundlagen des deutschen Fernsehmarktes". In: Friedrichsen, Mike (Hrsg.): Kommerz – Kommunikation – Konsum. Zur Zukunft des Fernsehens. Baden-Baden: Nomos Verlagsgesellschaft, S. 11-23.

G+J Media Sales (2009): „Jedes Heft – ein neuer Baum: Kooperation für mehr Nachhaltigkeit von EMOTION und der Fondation Yves Rocher". Abruf unter: http://www.gujmedia.de/portfolio/zeitschriften/emotion/?nv=rdir [Stand: 13.10.2009].

Garsoffky, Bärbel (2008): „Entertainment Education". In: Krämer, Nicole C./Stephan Schwan/Dagmar Unz/Monika Suckfüll (Hrsg.): Medienpsychologie. Schlüsselbegriffe und Konzepte. Stuttgart: Kohlhammer, S. 161-166.

Geiss, Jan/David Wortmann/Fabian Zuber (2003): „Nachhaltige Entwicklung – Strategie für das 21. Jahrhundert?". In: Geiss, Jan/David Wortmann/Fabian Zuber (Hrsg.): Nachhaltige Entwicklung – Strategie für das 21. Jahrhundert? Eine interdisziplinäre Annäherung. Opladen: Leske + Budrich, S. 17-40.

Giesel, Katharina D. (2007): Leitbilder in den Sozialwissenschaften. Begriffe, Theorien und Forschungskonzepte. Wiesbaden: VS Verlag für Sozialwissenschaften.

Gisiger, Michael (2007): „LOHAS, LOVOS, Konsum-Hedonisten". Abruf unter: http://www.wortgefecht.net/marktforschung/lohas-lovos-konsumhedonisten [Stand: 11.07.2009].

GoSee – PR Büro für Fotografie (2009): „Visualeyes: das Deutsche Ministerium für Umwelt sucht Klima-Botschafter". Abruf unter: http://www.gosee.de/news/photo/visualeyes-das-deutsche-ministerium-fuer-umwelt-sucht-klima-botschafter-6477 [Stand: 12.06.2009].

Gößling-Reisemann, Stefan/Armin von Gleich (2008): „Industrial Ecology – Einleitung". In: Von Gleich, Armin/Gößling-Reisemann (Hrsg.): Industrial Ecology. Erfolgreiche Wege zu nachhaltigen industriellen Systemen. Wiesbaden: Vieweg+Teubner Verlag, S. 9-19.

Götzenbrucker, Gerit (2006): „Soziale Netzwerkforschung/SNA (social network analysis) als Methode der Sozialwissenschaft". Abruf unter: http://www.univie.ac.at/methoden forum/src/Text_Netzwerkanalyse_Goetzenbrucker.pdf [Stand: 18.11.2009].

Greenpeace (2008): „Public pressure for Indonesia's forests works, Ask Unilever". Abruf unter: http://www.greenpeace.org/international/campaigns/forests/asia-pacific/dove-palmoil-action [Stand: 14.09.2009].

Grießhammer, Rainer/Dirk Bunke/Ulrike Eberle/Carl-Otto Gensch/Kathrin Graulich/Dietlinde Quack/Ina Rüdenauer/Konrad Goetz/Barbara Birzle-Harder (2004): „EcoTopTen – Innovationen für einen nachhaltigen Konsum. Öko-Institut e.V. Institut für angewandte Ökologie. Abruf unter: www.oeko.de/oekodoc/255/2004-034-de.pdf [Stand: 03.09.2009].

Grober, Ulrich (1999): „Der Erfinder der Nachhaltigkeit". Abruf unter: http://pdf.zeit.de/1999/48/Der_Erfinder_der_Nachhaltigkeit.pdf [Stand: 11.07.2009].

Grunwald, Armin (2004): „Die gesellschaftliche Wahrnehmung von Nachhaltigkeitsproblemen und die Rolle der Wissenschaften". In: Ipsen, Dirk/Jan C. Schmidt (Hrsg.): Dynamiken der Nachhaltigkeit. Marburg: Metropolis-Verlag, S. 313-341.

Grundwald, Armin/Jürgen Kopfmüller (2006): Nachhaltigkeit. Frankfurt/Main; New York: Campus Verlag.

Haas, Sabine/Thilo Trump/Maria Gerhards/Walter Klingler (2007): „Web 2.0: Nutzung und Nutzertypen". In: Media Perspektiven, 4/2007, S. 215-222.

Harrach, Christoph (2009): „Wir leben LOHAS - den Lifestyle of Health and Sustainability". Abruf unter: http://karmakonsum.de/lohas_-_lifestyle-of-health-and-sustainability [Stand: 12.06.2009].

Hauff, Volker (1987): Unsere gemeinsame Zukunft. Der Brundtland-Bericht der Weltkommission für Umwelt und Entwicklung. Greven: Eggenkamp Verlag.

Horx, Matthias (2007): Anleitung zum Zukunfts-Optimismus. Warum die Welt nicht schlechter wird. Frankfurt/New York: Campus Verlag.

Huber, Melanie (2008). Kommunikation im Web 2.0. Konstanz: UVK Verlagsgesellschaft mbH.

Hurrelmann, Klaus (2002): Einführung in die Sozialisationstheorie. 8. Aufl. Weinheim; Basel: Beltz.

ICLEI (1998): Handbuch Lokale Agenda 21. Wege zur nachhaltigen Entwicklung in den Kommunen. Bonn: Köllen Druck & Verlag GmbH.

Jansen, Dorothea (2006): Einführung in die Netzwerkanalyse. Grundlagen, Methoden, Forschungsbeispiele. 3. Aufl. Wiesbaden: VS Verlag für Sozialwissenschaften.

Jörissen, Juliane/Jürgen Kopfmüller/Volker Brandl/Michael Paetau (1999): Ein integratives Konzept nachhaltiger Entwicklung. Karlsruhe: Forschungszentrum Karlsruhe GmbH.

Kasthofer, Karl (1818): Bemerkungen über die Wälder und Alpen des Bernerischen Hochgebirgs. 2. Aufl. Verlag: Heinrich Remigius Sauerländer.

Katzenbach, Christian (2008): Weblogs und ihre Öffentlichkeiten. Motive und Strukturen der Kommunikation im Web 2.0. München: Reinhard Fischer.

Katzmann, Sophie/Michaela Knieli (2006): „FAIR TRAGEN". Abruf unter: http://www.wirtschaftundumwelt.at/2193/2194/2201/2285/2301 [Stand: 24.09.2009].

Kellner, Christian (2008): „Hast du die Größe? Fahr mit Verantwortung. Jugendkampagne des DVR geht in die nächste Runde". Abruf unter: http://www.dvr.de/site.aspx?url=html/presse/infodienst/848_50.htm [Stand: 23.07.2009].

Kilian, Thomas/Berthold H. Hass/ Gianfranco Walsh (2008): „Grundlagen des Web 2.0". In: Haas, Berthold/Gianfranco Walsh/Thomas Kilian (Hrsg.): Web 2.0. Neue Perspektiven für Marketing und Medien. Berlin; Heidelberg: Springer, S. 3-21.

Kluge, Susanne (2009): „Ökorrekt leben." Abruf unter: http://www.allianzdeutschland.de/presse/news/news_2009-02-06.html [Stand: 23.05.2009].

Konetzny, Michael (2008): „Nachhaltige Unternehmen sind erfolgreicher". Abruf unter: http://www.vnr.de/b2b/steuern-buchfuehrung/controlling/nachhaltige-unternehmen-sind-erfolgreicher.html [Stand: 31.07.2009].

Kreeb, Martin/Hendrik Hey/Lisa Weihmann (2009): „Fallstudie balance[f] im TV Format ‚Welt der Wunder'". In: uwf – UmweltWirtschaftsForum, Vol. 17, 1/2009, S. 143-147.

Kreeb, Martin/Melanie Motzer/Werner F. Schulz (2008): „LOHAS als Trendsetter für das Nachhaltigkeitsmarketing". In: Schwender, Clemens/Werner F. Schulz/Martin Kreeb (Hrsg.): Medialisierung der Nachhaltigkeit. Das Forschungsprojekt balance[f]: Emotionen und Ecotainment in den Massenmedien. Marburg: Metropolis Verlag, S. 303-314.

Kreusel, Imke/Rasmus Grobe (2003): „Umweltkommunikation". In: Impulse für umweltpolitisches Engagement, 3/2003, S. 1-6.

Leffelsend, Stefanie/Martina Mauch/Bettina Hannover (2004): „Mediennutzung und Medienwirkung". In: Mangold, Roland/Peter Vorderer/Gary Bente (Hrsg.): Lehrbuch der Medienpsychologie. Göttingen; Bern; Toronto; Seattle: Hogrefe, S. 51-71.

Lichtl, Martin (1999): Ecotainment: Der neue Weg im Umweltmarketing. Wien: Wirtschaftsverlag Ueberreuter.

Lichtl, Martin (2007): „Ecotainment: Vom Fear-and-Threat-Approach zur Faszination Nachhaltigkeit". In: Lucas, Rainer (Hrsg.): Zukunftsfähiges Eventmarketing: Strategien, Instrumente, Beispiele. Berlin: Erich Schmidt Verlag, S. 77-86.

Lobo, Klaus-Werner (2009): „Zum Beispiel Konsum: Lohas werden die Welt nicht retten". Abruf unter: http://jetzt.sueddeutsche.de/texte/anzeigen/473115 [Stand: 12.05.2009].

Luhmann, Niklas (1996): Die Realität der Massenmedien. 2. Aufl. Opladen: Westdeutscher Verlag.

LZU (Landeszentrale für Umweltaufklärung) (2007): „Nachhaltigkeit, Kirche und christliches Weltbild". Abruf unter: http://www.umdenken.de/?id=609 [Stand: 17.08.2009].

Marwitz, Peter (2008a): „Nestlé – Die Krake von Vevey". Abruf unter: http://konsumpf.de/?p=569 [Stand: 04.07.2009].

Marwitz, Peter (2008b): „Über mich". Abruf unter: http://konsumpf.de/?page_id=201 [Stand: 22.08.2009].

Marwitz, Peter (2009a): „So ‚sozial' ist Schlecker". Abruf unter: http://konsumpf.de/?p=5348 [Stand: 19.11.2009].

Marwitz, Peter (2009b): „An der Kette – wie große Buchketten wie Thalia den Buchmarkt zerstören". Abruf unter: http://konsumpf.de/?p=6092 [Stand: 19.11.2009].

Matzen, Jörg (1998): „Nachhaltigkeit – ein neues politisches, sozialwissenschaftliches und didaktisches Leitbild?". In: Hufer, Klaus-Peter/Birgit Wellie (Hrsg.): Sozialwissenschaftliche und bildungstheoretische Reflexionen: fachliche und didaktische Perspektiven zur politisch-gesellschaftlichen Aufklärung. Glienicke/Berlin; Cambridge/Massachusetts: Galda + Wilch Verlag, S. 155-168.

Mayring, Phillip (2008): Qualitative Inhaltsanalyse. Grundlagen und Techniken. 10. Aufl. Weinheim; Basel: Beltz Verlag.

MediaSPIEGEL (2009): „Der Werbeträger. LOHAS – Lifestyle of Health and Sustainability". Abruf unter: http://www.media.spiegel.de/internet/media.nsf/01BD1F560AEE2717C12575BB004DAF4A/$file/LOHAS.pdf [Stand: 04.06.2009].

MedienMittwoch – Initiative zur Förderung des Medienstandortes FrankfurtRheinMain (2006): „Visitenkarte Peter Parwan". Abruf unter: http://medienmittwoch.de/referenten/peter.parwan/ [Stand: 12.08.2009].

Michelsen, Gerd (2007): „Nachhaltigkeitskommunikation: Verständnis – Entwicklung – Perspektiven". In: Michelsen, Gerd/Jasmin Godemann (Hrsg.): Handbuch Nachhaltigkeitskommunikation. Grundlagen und Praxis. 2. Aufl. München: ökom Verlag, S. 25-41

Mikos, Lothar (1994): Fernsehen im Erleben der Zuschauer. Vom lustvollen Umgang mit einem populären Medium. Berlin; München: Quintessenz Verlags-GmbH.

Moutchnik, Alexander (2009): „Nachhaltigkeitsdimensionen der Medienbranche". In: uwf – UmweltWirtschaftsForum, Vol. 17, 1/2009, S. 13-22.

Müller, Astrid (2008): „Die Lohas sind da! Wohnen zwischen Öko & Design". Abruf unter: http://diepresse.com/home/leben/wohnen/432291/index.do Stand: 01.07.2009].

Mueller, Det (2007): „Lohas & me". Abruf unter: http://www.lohas-blog.de/lohas-me/ [Stand: 12.07.2009].

Müller, Ulrich (2007a): „Ederers vorläufige und unzureichende Stellungnahme". Abruf unter: http://www.lobbycontrol.de/blog/index.php/2007/07/ederers-vorlaufige-und-unzureichende-stellungnahme [Stand: 23.07.2009].

Müller, Ulrich (2007b): „Report München führt Zuschauer in die Irre". Abruf unter: http://www.lobbycontrol.de/blog/index.php/2007/07/report-munchen-fuhrt-zuschauer-in-die-irre [Stand: 23.07.2009].

Quellenverzeichnis 153

Müller, Ulrich (2009): „Erneut verdeckte Meinungsmache - heute: Biosprit". Abruf unter: http://www.lobbycontrol.de/blog/wp-content/uploads/pm-biosprit.pdf [Stand: 03.08.2009].

Neidhardt, Friedhelm (2000): „Arbeit und Ökologie. Perspektiven einer nachhaltigen Arbeitsgesellschaft". In: WZB Mitteilungen, 89, S. 20-23.

Neubauer, Anna (2009a): „Utopia.de kürt die grünste Hochschule". Abruf unter: http://www.firmenpresse.de/pressinfo107238.html [Stand: 03.08.2009].

Neubauer, Anna (2009b): „Erfolgsgeschichte hält an: Utopia feiert Zweijähriges". Abruf unter: http://www.dailynet.de/RechtGesellschaft/56795.php [Stand: 12.11.2009].

Neugebauer, Christian (2009): „Nachhaltigkeit und Medien: polemische Gedanken". In: uwf – UmweltWirtschaftsForum, Vol. 17, 1/2009, S. 57-59.

Nielsen (2009): „Pressemeldung: Bio gedeiht auch in der Krise". Abruf unter: http://de.nielsen.com/news/PR20090218.shtml [Stand: 12.06.2009].

Nitz, Olaf (2006): „Lässt sich der Einfluss von Blogs messen?". Abruf unter: http://soso.onitz.de/2006/05/23/lasst-sich-der-einfluss-von-blogs-messen [Stand: 04.07.2009].

NUA (Natur und Umweltschutz-Akademie NRW) (2009): „Start der Kampagne ‚Schule der Zukunft – Bildung für Nachhaltigkeit'". Abruf unter: http://www.nua.nrw.de/nua/content/de/presse/pages/1237798190.xml [Stand: 01.09.2009].

O'Reilly, Tim (2005): „What is Web 2.0". Abruf unter: http://oreilly.com/pub/a/web2/archive/what-is-web-20.html?page=2 [Stand: 06.09.2009].

Offenbacher, Hannes (2008): Kommentar zum Artikel „Utopia in der Sinnkrise". Abruf unter: http://www.betterandgreen.de/blog/utopia-in-der-sinnkrise [Stand: 12.09.2009].

Offenbacher, Hannes (2009): „Web 2.0: Die Kraft der Vielen". Abruf unter: http://www.nachhaltigkeit.at/article/articleview/74754/1/25540/# [Stand: 23.09.2009].

Ostermann, Gunda (2006): „Nachhaltig predigen". Abruf unter: http://www.katholisch.de/9052.html [Stand: 01.07.2009].

Ott, Konrad/Ralf Döring (2004): Theorie und Praxis starker Nachhaltigkeit. Ökologie und Wirtschaftsforschung. Marburg: Metropolis Verlag.

Parwan, Peter (2009): „Lifestyles of Health and Sustainability". Aufruf unter: http://www.lohas.de/content/view/6/87 [Stand: 18.06.2009].

Pauler, Wolfgang (2008): „Die besten Websites". Abruf unter: http://www.chip.de/artikel/Die-Gewinner-des-Digital-Lifestyle-Award-08-12_32637674.html [Stand: 19.10.2009].

Pleon (2008): „Ökobarometer 2008. Repräsentative Bevölkerungsbefragung im Auftrag des Bundesministeriums für Ernährung, Landwirtschaft und Verbraucherschutz". Abruf unter: http://www.oekolandbau.de/fileadmin/redaktion/dokumente/journalisten/publikationen/OEkobarometer_Ergebnisse_2008_barrierearm.pdf [Stand: 17.09.2009].

Quilitzsch, Dannie (2008): „Utopia launcht gemeinsam mit MySpace das Nachhaltigkeits-Profil ‚Meine Welt' und startet eine große Kakaobaum-Pflanzaktion". Abruf unter: http://www.utopia.de/uploads/press/PM_Utopia_MySpaceMeineWelt_301008.pdf [Stand: 17.09.2009].

Reichardt, Dagmar (2009): „Stöckchenwurf: Weshalb trägst Du grüne Mode?". Abruf unter: http://de.hessnatur.com/blog/2009/09/11/stockchenwurf-weshalb-tragst-du-grune-mode [Stand: 19.11.2009].

Renn, Ortwin (2003): „Nachhaltiger Konsum: Was kann der einzelne tun?". In: Scherhorn, Gerhard/Christoph Weber (Hrsg.): Nachhaltiger Konsum. Auf dem Weg zur gesellschaftlichen Verankerung. 2. Aufl. München: ökom Verlag, S. 33-39.

Renn, Ortwin/Anja Knaus/Hans Kastenholz (1999): „Wege in eine nachhaltige Zukunft". In: Breuel, Birgit (Hrsg.): Agenda 21. Vision: nachhaltige Entwicklung. Frankfurt/Main; New York: Campus Verlag, S. 17-74.

Reusswig, Fritz/Wiebke Lass (2001): „Für eine Politik der differentiellen Kommunikation – Nachhaltige Entwicklung als Problem gesellschaftlicher Kommunikationsprozesse und -verhältnisse". In: Fischer, Andreas/Gabriela Hahn (Hrsg.): Vom schwierigen Vergnügen einer Kommunikation über die Idee der Nachhaltigkeit. Frankfurt: VAS – Verlag für Akademische Schriften.

Rhomberg, Markus (2008): Mediendemokratie. Die Agenda-Setting-Funktion der Massenmedien. München: Wilhelm Fink Verlag.

Rieker, Susanne (2009): „Social Media Relevanz". Abruf unter: http://blog.initiative media.de/?p=592 [Stand: 15.10.2009].

RNE (Rat für Nachhaltige Entwicklung) (2004): TV-Medien und Nachhaltigkeit. Kurz-Studie zur Ermittlung von Formen, Hindernissen und Potenzialen der Darstellung von Nachhaltigkeitsthemen in ausgewählten deutschen Fernsehprogrammen. Berlin.

RNE (Rat für Nachhaltige Entwicklung) (2007a): Tätigkeitsbericht. Rat für Nachhaltige Entwicklung: 2001-2007. Berlin.

RNE (Rat für Nachhaltige Entwicklung) (2007b): Tagungsdokumentation. Nachhaltigkeit als Programm. Kreativ-Workshop für Fernsehschaffende des Rates für Nachhaltige Entwicklung. Berlin.

RNE (Rat für Nachhaltige Entwicklung) (2008): Der Nachhaltige Warenkorb. Ein Einkaufsführer zum Ausprobieren und Diskutieren. 2. Aufl. Berlin.

Rogall, Holger (2003): Akteure der nachhaltigen Entwicklung. Der ökologische Reformstau und seine Gründe. 2. Aufl. München: ökom Verlag.

Romberg, Johanna/Thomas Tamge (2008): „Kluger Konsum: Was wirklich zählt". In: GEO Magazin, 12/2008, S. 160-190.

Ruhrmann, Georg/Roland Göbbel (2007): Veränderung der Nachrichtenfaktoren und Auswirkungen auf die journalistische Praxis in Deutschland. Wiesbaden: netzwerk recherche.

Sachs, Wolfgang (2008): „Fair Future". In: Von Gleich, Armin/Stefan Gößling-Reisemann (Hrsg.): Industrial Ecology. Erfolgreiche Wege zu nachhaltigen industriellen Systemen. Wiesbaden: Vieweg+Teubner Verlag, S. 360-365.

Schmidt, Jan (2006): Weblogs: Eine kommunikationssoziologische Studie. Konstanz: UVK.

Schmidt, Jan (2008): „Was ist neu am Social Web? Soziologische und kommunikationswissenschaftliche Grundlagen". In: Zerfaß, Ansgar/Martin Welker/Jan Schmidt (Hrsg.): Kommunikation, Partizipation und Wirkungen im Social Web. Köln: Herbert von Halem Verlag, S. 18-40.

Schmied, Martin W./Monika Wächter/Thomas Schulz (2009): „Vom Wissen zum Handeln – Neue Wege zum Nachhaltigen Konsum". Abruf unter: http://www.sozial-oekologische-forschung.org/_media/Statusheft_2009_NK.pdf [Stand: 11.09.2009].

Schönborn, Gregor (2001): „Unternehmenserfolg durch Nachhaltigkeit. Meinungsbarometer Opinion Leader: Nachhaltiges Wirtschaften ist Zukunftstrend." Abruf unter: http://www.presseportal.de/pm/43047/252500/pleon [Stand: 12.07.2009].

Schrader, Ulf/Ursula Hansen (2001): „Nachhaltiger Konsum – Leerformel oder Leitprinzip?" In: Schrader, Ulf/Ursula Hansen (Hrsg.): Nachhaltiger Konsum. Forschung und Praxis im Dialog. Frankfurt/Main: Campus Verlag, S. 17-45.

Schramm, Holger/Uwe Hasebrink (2004): „Fernsehnutzung und Fernsehwirkung". In: Mangold, Roland/Peter Vorderer/Gary Bente (Hrsg.): Lehrbuch der Medienpsychologie. Göttingen; Bern; Toronto; Seattle: Hogrefe, S. 465-492.

Schreiner, Oliver (2009): „Microblogging ist noch ganz klein". Abruf unter: http://meedia.de/nc/details-topstory/article/microblogging-ist-noch-ganz-klein_100023759.html [Stand: 19.11.2009].

Schücking, Heffa (2009a): „Kreative humorlos: RWE-Werbeagentur droht urgewald mit Klage". Abruf unter: http://www.urgewald.de/index.php?page=3-64-156&artid=310 [Stand: 19.11.2009].

Schücking, Heffa (2009b): „Endlich: RWE bestätigt Rückzug aus Belene!" http://www.urgewald.de/index.php?page=3-64-156&artid=324 [Stand: 19.11.2009].

Schulz, Daniel (2009): „Bloggen für eine Nachhaltige Entwicklung?!". In: uwf – UmweltWirtschaftsForum, Vol. 17, 1/2009, S. 149-154.

Schulz, Werner/Martin Kreeb (2003): „Unsichtbares sichtbar machen – Die Bedeutung der Umweltzeichen in der Nachhaltigkeitsdiskussion". In: Scherhorn, Gerhard/Christoph Weber (Hrsg.): Nachhaltiger Konsum. Auf dem Weg zur gesellschaftlichen Verankerung. 2. Aufl. München: ökom Verlag, S. 159-181.

Schulz, Winfried (2008): Politische Kommunikation. Theoretische Ansätze und Ergebnisse empirischer Forschung. 2. Aufl. Wiesbaden: VS Verlag für Sozialwissenschaften.

Schwender, Clemens/Dennis Mocigemba/Siegmar Otto (2007): „Der Ecotainment-Index zur Messung der kognitiv-emotionalen Beteiligung an TV-Beiträgen". In: Zeitschrift für Medienpsychologie, Vol. 19, 4/2007, S. 46-57.

Schwender, Clemens/Dennis Mocigemba/Siegmar Otto/Martin Kreeb (2009): „Nachhaltigkeitsorientierte TV-Sendungen – (k)eine Strategie zur Senkung der Haushalts-Reichweite von TV-Sendungen?". In: uwf – UmweltWirtschaftsForum, Vol. 17, 1/2009, S. 135-142.

Schwieger, Marc (2005): „Fern-Sehen: Zukunftsthema Nachhaltigkeit?". Abruf unter: http://www.cultura21.de/magazin/media/med200512_medianach01.html [Stand: 03.06.2009].

SRU (Sachverständigenrat für Umweltfragen) (1994): „Umweltgutachten 1994 – für eine dauerhaft-umweltgerechte Entwicklung". Statistisches Bundesamt.

SRU (Sachverständigenrat für Umweltfragen) (1996): „Umweltgutachten 1996 – Zur Umsetzung einer dauerhaft-umweltgerechten Entwicklung". Statistisches Bundesamt.

Stark, Susanne (2006): Nachhaltigkeitspolitik – die zukünftige Umweltpolitik oder das Stiefkind der Nationen? Eine vergleichende Studie vier europäischer Länder. Detmold: Rohn.

Staud, Toralf (2009): „RWE: Zwei Filme über den Märchenfilm". Abruf unter: http://www.klima-luegendetektor.de/2009/08/18/rwe-zwei-filme-ueber-den-maerchenfilm/ [Stand: 08.10.2009].

Stauss, Reto (2008): „Öko 2.0: Auf dem Weg zur kritischen Masse". Abruf unter: http://nachhaltigbeobachtet.ch/files/0805_quarterly.pdf [Stand: 13.09.2009].

Steffens, Beate (2009a): „Aufruf zum 1. bundesweiten Klimaflashmob". Abruf unter: http://beta.greenaction.de/beitrag/aufruf-zum-1-bundesweiten-klimaflashmob [Stand: 09.10.2009].

Steffens, Beate (2009b): „Aufruf zum Riesen-Remix". Abruf unter: http://blog.greenaction.de/?p=158 [Stand: 29.09.2009].

Stocker, Alexander/Klaus Tochtermann (2009): „Anwendungen und Technologien des Web 2.0: Ein Überblick". In: Blumauer, Andreas/Tassilo Pellegrini (Hrsg.): Social Semantic Web. Web 2.0 – Was nun? Berlin; Heidelberg: Springer-Verlag, S. 63-82.

Tenni, Claudio (2009): Kommentar zum Artikel „Mit-Gründer des Umwelt Wikis". Abruf unter: http://alles-was-gerecht-ist.de/2009/01/16/oko-wikipedia/#comments [Stand: 12.09.2009].

TMLNU (Thüringer Ministerium für Landwirtschaft, Naturschutz und Umwelt) (2006): „Forstbericht 2006". Abruf unter: http://edok.ahb.niedersachsen.de/07/523975449/2006.pdf [Stand: 12.06.2009].

TNS Infratest Holding GmbH & Co. KG (2007): „Was wissen die Deutschen über Kyoto, Öko-Steuer und Emissionshandel?". Abruf unter: http://www.tns-emnid.com/politik_und_sozialforschung/pdf/Emissionshandel.pdf [Stand: 09.08.2009].

TQU (2009): „Standard for Social Accountability SA 8000". Abruf unter: http://www.tqu.de/beratung/managementsysteme/socialsa8000.htm [Stand: 23.07.2009].

Tremmel, Jörg (2003): Nachhaltigkeit als politische und analytische Kategorie. Der deutsche Diskurs um nachhaltige Entwicklung im Spiegel der Interessen der Akteure. München: ökom Verlag.

Trump, Thilo/Walter Klingler/Maria Gerhards (2007): „Web 2.0 – Begriffsdefinition und eine Analyse der Auswirkungen auf das allgemeine Mediennutzungsverhalten. Grundlagenstudie des Markt- und Medienforschungsinstitutes result in Zusammenarbeit mit der Medienforschung des Südwestrundfunks". Abruf unter: http://www.netzwerkrecherche.de/newsletter/40/Web-2.0-Studie-result-SWR-Februar-2007.pdf [Stand: 08.08.2009].

Verbundprojekt Arbeit und Ökologie (2000): Abschlussbericht zum Projekt Nr. 97-959-3, gefördert von der Hans-Böckler-Stiftung im Schwerpunkt „Perspektiven der Arbeitsgesellschaft", zusammen mit dem Deutschen Institut für Wirtschaftsforschung, dem Wuppertal Institut für Klima, Umwelt, Energie und dem Wissenschaftszentrum Berlin für Sozialforschung. Berlin und Wuppertal.

Weber, Christoph (2001): „Nachhaltiger Konsum – Versuch einer Einordnung und Operationalisierung". In Schrader, Ulf/Ursula Hansen (Hrsg.): Nachhaltiger Konsum. Forschung und Praxis im Dialog. Frankfurt/Main: Campus Verlag, S. 63-76.

Weber, Joachim (2009): „Virales Marketing – Was ist das?". Abruf unter: http://www.linkbait.de/linkbait-beispiele/virales-marketing-was-ist-das-160.html [Stand: 09.11.2009].

Wehling, Peter (1997): „Sustainable development – eine Provokation für die Soziologie?". In: Brandt, Karl-Werner (Hrsg.): Nachhaltige Entwicklung. Eine Herausforderung an die Soziologie. Opladen: Leske + Budrich; S. 35-50.

Wehrspaun, Michael/Harald Schoembs (2002): „Die ‚Kluft' zwischen Umweltbewusstsein und Umweltverhalten als Herausforderung für die Umweltkommunikation". In: Beyer, Axel (Hrsg.): Fit für Nachhaltigkeit? Biologisch-anthropologische Grundlagen einer Bildung für nachhaltige Entwicklung. Opladen: Leske + Budrich, S. 141-162.

Wemcken, Rainer (2008): „Gespräch mit Rainer Wemcken". Abruf unter: http://www.bneportal.de/coremedia/generator/pm/de/Ausgabe__005/02__Interview/Interview_20mit_20Rainer_20Wemcken.html [Stand: 16.04.2009].

Wenzel Eike/Anja Kirig/Christian Rauch (2008): Greenomics. Wie der grüne Lifestyle Märkte und Konsumenten verändert. München: Redline Wirtschaft.

Werdermann, Felix (2008): „Nachhaltigkeitspreis erstmals verliehen: BASF und VW angeblich nachhaltig". Abruf unter: http://www.taz.de/1/zukunft/umwelt/artikel/1/basf-und-vw-angeblich-nachhaltig [Stand: 03.08.2009].

Werner, Klaus/Hans Weiss (2009): Das neue Schwarzbuch Markenfirmen. Die Machenschaften der Weltkonzerne. 5. Aufl. Berlin: Ullstein.

Wilcken, Sandra (2009): „Revolution im Einkaufswagen: Mit Genuss die Welt bewegen?". Abruf unter: http://modemconclusa.de/download/Texte/Herrmannsdorfer/Podiumsdiskussion-Nachbericht.pdf [Stand: 14.10.2009].

Wippersberg, Julia (2007): Prominenz. Entstehung, Erklärungen, Erwartungen. Konstanz: UVK Verlagsgesellschaft mbH.

ZDF (2009): „Die ökologisch verträgliche Sendung". Abruf unter: http://www.jbk.zdf.de/ZDFde/inhalt/31/0,1872,7533151,00.html [Stand: 22.08.2009].

Zerfaß, Ansgar/Dietrich Boelter (2005): Die neuen Meinungsmacher. Weblogs als Herausforderung für Kampagnen, Marketing, PR und Medien. Graz: Nausner & Nausner.

Zerfaß, Ansgar/Janine Bogosyan (2007): „Blogstudie 2007. Informationssuche im Internet – Blogs als neues Recherchetool (Ergebnisbericht)". Abruf unter: http://www.cmgt.uni-leipzig.de/fileadmin/cmgt/PDF_Publikationen_download/Blogstudie2007-Ergebnisbericht.pdf [Stand: 13.11.2009].

Ziegler, Hans-Ludwig (2009): „Megatrend Nachhaltigkeit". In: Holzforum, 5-6/2009, S. 16-17.

Zirkel, Gerhard (2008): „LOVOS, die besseren LOHAS". Abruf unter: http://www.waldblog.de/2008/04/17/lovos-die-besseren-lohas [Stand: 17.06.2009].

Medienpädagogik

Uwe Sander / Friederike von Gross / Kai-Uwe Hugger (Hrsg.)
Handbuch Medienpädagogik
2008. 602 S. Br. EUR 49,90
ISBN 978-3-531-15016-1

Das Handbuch Medienpädagogik liefert Studierenden, pädagogischen Praktikern und Wissenschaftlern einen fundierten und systematisch aufgebauten Überblick über Theorie, Forschung, Geschichte, gegenwärtige Diskussionspunkte und Handlungsfelder der noch verhältnismäßig jungen erziehungswissenschaftlichen Teildisziplin Medienpädagogik. Unterschiedliche Expertinnen und Experten behandeln Strömungen und Theorien der Medienpädagogik, Methoden und Richtungen der Medienforschung sowie den Zusammenhang von Medienentwicklung und Medienpädagogik. Weiterhin werden Aufgaben und Handlungsfelder sowie berufliche und professionelle Aspekte der Medienpädagogik diskutiert.

Kai-Uwe Hugger (Hrsg.)
Digitale Jugendkulturen
2010. 268 S. Br. EUR 29,90
ISBN 978-3-531-16091-7

Zu welchen Zwecken werden welche digitalen Medien in welchen jugendkulturellen Szenen genutzt? Oder: Gibt es eine Cybergeneration?

Dorothee M. Meister / Uwe Sander / Klaus Peter Treumann / Eckhard Burkatzki / Jörg Hagedorn / Manuela Kämmerer / Mareike Strotmann / Claudia Wegener
Mediale Gewalt
Ihre Rezeption, Wahrnehmung und Bewertung durch Jugendliche
2008. 231 S. Br. EUR 29,90
ISBN 978-3-531-15672-9

Johannes Fromme / Werner Sesink (Hrsg.)
Pädagogische Medientheorie
2008. 170 S. (Medienbildung und Gesellschaft Bd. 6) Br. EUR 24,90
ISBN 978-3-531-15839-6

Kerstin Volland
Zeitspieler
Inszenierungen des Temporalen bei Bergson, Deleuze und Lynch
2009. 191 S. (Medienbildung und Gesellschaft Bd. 11) Br. EUR 34,90
ISBN 978-3-531-16404-5

Aus medienpädagogischer Sicht zeigt die Autorin auf, wie sich Zeit im Film ausschließlich durch das subjektive Erleben offenbart.

Erhältlich im Buchhandel oder beim Verlag.
Änderungen vorbehalten. Stand: Januar 2010.

www.vs-verlag.de

VS VERLAG FÜR SOZIALWISSENSCHAFTEN

Abraham-Lincoln-Straße 46
65189 Wiesbaden
Tel. 0611.7878-722
Fax 0611.7878-400

VS Forschung | VS Research
Neu im Programm Soziale Arbeit

Otger Autrata / Bringfriede Scheu (Hrsg.)
Jugendgewalt
Interdisziplinäre Sichtweisen
2010. 263 S. (Forschung, Innovation und Soziale Arbeit) Br. EUR 34,90
ISBN 978-3-531-17040-4

Günter Burkart
Weg ins Heim
Lebensläufe und Alltag von BewohnerInnen in der stationären Altenhilfe
2009. 322 S. Br. EUR 39,90
ISBN 978-3-531-17022-0

Telse Iwers-Stelljes (Hrsg.)
Prävention – Intervention – Konfliktlösung
Pädagogisch-psychologische Förderung und Evaluation
2009. 247 S. Br. EUR 34,90
ISBN 978-3-531-16835-7

Anna Riegler / Sylvia Hojnik / Klaus Posch (Hrsg.)
Soziale Arbeit zwischen Profession und Wissenschaft
Vermittlungsmöglichkeiten in der Fachhochschulausbildung
2009. 481 S. (Forschung und Entwicklung in der Sozial(arbeits)wissenschaft) Br. EUR 49,90
ISBN 978-3-531-16847-0

Frederic Fredersdorf / Wolfgang Heckmann (Hrsg.)
Der T-Faktor
Mäßigungskonzepte in der Sozialen Arbeit
2010. 248 S. (Forschung und Entwicklung in der Sozial(arbeits)wissenschaft) Br. EUR 34,95
ISBN 978-3-531-17097-8

Jutta Hartmann
Perspektiven professioneller Opferhilfe
Erkenntnisse im Kontext des Bundesverbands „Arbeitskreis der Opferhilfen in Deutschland"
2010. ca. 240 S. Br. ca. EUR 34,95
ISBN 978-3-531-17290-3

Manuela Brandstetter
Gewalt im sozialen Nahraum
Die Logik von Prävention in ländlichen Sozialräumen
2010. 243 S. Br. EUR 34,90
ISBN 978-3-531-16794-7

Cornelia Schäfter
Die Beratungsbeziehung in der Sozialen Arbeit
Eine theoretische und empirische Annäherung
2010. 316 S. Br. EUR 39,90
ISBN 978-3-531-17048-0

Erhältlich im Buchhandel oder beim Verlag.
Änderungen vorbehalten. Stand: Januar 2010.

www.vs-verlag.de

VS VERLAG FÜR SOZIALWISSENSCHAFTEN

Abraham-Lincoln-Straße 46
65189 Wiesbaden
Tel. 0611.7878-722
Fax 0611.7878-400

VS Forschung | VS Research
Neu im Programm Soziologie

Kai Brauer / Wolfgang Clemens (Hrsg.)
Zu alt?
„Ageism" und Altersdiskriminierung
auf Arbeitsmärkten
2010. 252 S. (Alter(n) und Gesellschaft
Bd. 20) Br. EUR 49,90
ISBN 978-3-531-17046-6

Thilo Fehmel
Konflikte um den Konfliktrahmen
Die Steuerung der Tarifautonomie
2010. 285 S. Br. EUR 34,95
ISBN 978-3-531-17227-9

Oliver Frey
Die amalgame Stadt
Orte. Netze. Milieus
2009. 355 S. Br. EUR 39,90
ISBN 978-3-531-16380-2

Renate Liebold
Frauen „unter sich"
Eine Untersuchung über weibliche
Gemeinschaften im Milieuvergleich
2009. 261 S. Br. EUR 34,90
ISBN 978-3-531-16883-8

Monika Pavetic
Familiengründung und -erweiterung in Partnerschaften
Statistische Modellierung
von Entscheidungsprozessen
2009. 228 S. Br. EUR 29,90
ISBN 978-3-531-16880-7

Katrina Pfundt
Die Regierung der HIV-Infektion
Eine empirisch-genealogische Studie
2010. 441 S. Br. EUR 49,95
ISBN 978-3-531-17095-4

Rosine Schulz
Kompetenz-Engagement: Ein Weg zur Integration Arbeitsloser in die Gesellschaft
Empirische Studie zur Erwerbs-
und Bürgergesellschaft
2010. 367 S. Br. EUR 39,95
ISBN 978-3-531-17203-3

Thomas Vollmer
Das Heilige und das Opfer
Zur Soziologie religiöser Heilslehre,
Gewalt(losigkeit) und Gemeinschaftsbildung
2010. 281 S. Br. EUR 39,90
ISBN 978-3-531-17120-3

Erhältlich im Buchhandel oder beim Verlag.
Änderungen vorbehalten. Stand: Januar 2010.

www.vs-verlag.de

VS VERLAG FÜR SOZIALWISSENSCHAFTEN

Abraham-Lincoln-Straße 46
65189 Wiesbaden
Tel. 0611.7878-722
Fax 0611.7878-400